아무도 가르쳐주지 않는

주식 자동매매

※ 일러두기

1. 큐아르코드(QR)는 본문 내용과 관련한 영상 자료입니다. 자동매매를 120% 활용하는 방법들이 망라되어 있으니 꼭 시청하시기 바랍니다.
2. 본문의 인터넷 링크는 코드 텍스트입니다. 복사해서 사용하시면 됩니다.

아무도 가르쳐주지 않는
주식 자동매매

초판 1쇄 발행 2024년 6월 26일
초판 3쇄 발행 2025년 1월 3일

지은이   송동현
펴낸이   변선욱
펴낸곳   왕의서재
마케팅   변창욱
디자인   꿈지락

출판등록 2008년 7월 25일 제313-2008-120호
주소   경기도 고양시 일산서구 일현로 97-11 두산위브더제니스 105-601
전화   070-7817-8004
팩스   0303-3130-3011
이메일   latentman75@gmail.com
블로그   blog.naver.com/kinglib

ISBN   979-11-86615-66-9 13320

아무도 가르쳐주지 않는
주식 자동매매

자동매매의 꽃, 예스트레이더 '예스스팟'
+ 사용자 수 1위, 키움 '캐치' 완전 정복

송동현 지음

헤리티지
HERITAGE

☰ 차례

10년의 연구가 녹아든 자동매매의 모든 것

주식을 본격적으로 공부하기 전에 엄청난 호재가 있다는 지인의 말을 듣고 가능한 금액을 전부 끌어모아 투자했던 적이 있습니다. 결국, 그 종목은 상장폐지되어 무려 10년간 금전적 어려움은 물론 고통의 시간을 안겨주었습니다. 쉽게 돈을 벌고자 했던 욕심과 원칙 없고 준비되지 않은 투자의 결과물이었습니다.

너무 분하고 원통해서 와신상담하는 마음으로 주식을 처음부터 다시 공부했습니다.

> "내가 정말 알아야 할 모든 것은 유치원에서 배웠다."
>
> (All I Really Need to Know, I Learned in Kindergarten.)
>
> "그때 나는 뜻있게 사는 데 필요한 것은 거의 내가 이미 알고 있는 것이며 그렇게 복잡한 것이 아니라는 것을 깨달았다. 지혜는 대학원이란 산꼭대기에 있는 것이 아니다. 주일학교의 모래성 속에 있다."

베스트셀러 작가인 로버트 풀검이 한 말입니다. 주식 투자도 똑같습니다. 우리가 알아야 할 가장 중요한 지표는 '거래량'과 '평균'(이동평균선) 그리고 '지지와 저항'입니다.

그러나 주식과 지표를 조금이라도 아시는 분이라면 이 이동평균선과 거래량을 외면하고 복잡하고 난해한 지표와 검색식을 찾아다닙니다. 어렵고 복잡한 수식들이 절대 수익률을 올려주지 않는다는 점은 아무리 강조해도 지나치지 않습니다.

주식을 처음 시작할 때 기초처럼 배우는 것이 정작 가장 중요한 기법이라는 사실을 가슴 깊이 새기시길 바랍니다. 앞으로 이 책에서 소개할 7가지 검색식과 이를 토대로 한 자동매매도 여기에 기반을 두고 있습니다.

뼈아픈 시련을 겪은 후 위에 언급한 투자의 가장 기본적인 원칙 4가지와 평정심, 분할매수라는 깨달음이 오면서 사람의 판단보다는 시스템에 의한 자동매매를 접목하면 충분히 성공하는 투자에 이를 수 있겠다는 생각에 본격적으로 이를 연구하기 시작했습니다.

주식 투자에서 가장 큰 적이 바로 '감정'입니다. 오죽하면 주식 투자는 심리 싸움이라는 말까지 있겠습니까. 두려움과 욕심에 잘못된 판단을 내리면 손실을 볼 가능성이 커집니다.

자동매매는 미리 설정한 전략에 따라 자동으로 매매를 진행하는 시스템입니다. 이는 특히 초보자나 시간이 부족한 투자자들에게 매우 유용하며, 감정적인 판단을 배제하고, 객관적인 기준으로 투자하게 해준다는 장점이 있습니다. 또한, 시간과 공간의 제약 없이 투자를 관리할 수도 있어 매력적입니다.

처음 주식 투자를 시작하는 사람들은 대부분 정보 부족과 감정적인 판단으로 어려움을 겪습니다. 하루아침에 큰돈을 번다는 욕망은 오히려 손실로 이어질 수 있으며, 잦은 매매는 수수료 부담을 가중합니다.

출판사 편집자와 오전 중에 통화를 하는데 이런 질문을 던지더군요. "이 시간이면 대부분 전업투자자가 한창 바쁠 텐데 어떻게 시간을 내서 통화가 가능하신지요?"

자동매매를 기반으로 하고 있어서 상대적으로 시간 내기가 수월했던 겁니다.

AI(인공지능)가 4차 산업혁명을 견인하며 새로운 먹거리로 부상하고, 챗GPT가 전문가의 영역이라고 불리는 코딩도 할 수 있다는 뉴스가 퍼지면서 이 자동매매가 더욱더 주목받는 것 같습니다. 유튜브나 각종 SNS에 자주 보이기 시작하는 검색기 광고를 보면 이전과는 확연히 다르게 이제 본격적으로 그 필요성과 편리함을 인지하고 있다는 방증이 아닌가 싶습니다.

아마 국내에선 처음인 것으로 알고 있습니다만, 자동매매 시스템으로 키움증권의 '캐치'와 예스트레이더의 '예스스팟'을 소개하려고 합니다. 제 유튜브 채널 구독자분들과 알고리즘에 의해 처음 들어오시는 방문객 모두 지난 몇 년 동안 이번에 책에 소개하는 자동매매 시스템 사용법과 자동매매를 위한 조건검색에 관해 엄청난 문의와 요구가 빗발쳤습니다. 한번은 정리할 필요성을 느끼고 있던 찰나 출판사 요청과 맞물려 세상에 빛을 보게 됐습니다.

많은 개미투자자가 키움 캐치 및 예스트레이더 자동매매 시스템에 대해 잘 모릅니다. 특히, 예스트레이더는 키움의 '캐치'가 지닌 한계를 극복한 자동매매의 결정판이라고 할 수 있습니다.

예스트레이더를 능숙하게 사용할 줄 아는 사람들 의견이나 가이드를 듣기가 힘들었고 가르침을 받을 만한 친절한 채널도 없었습니다. 그래서 저는 누군가의 가르침 없이 홀로 공부하고 깨우쳐야 했습니다. 아마이 책 한 권을 다 읽고 나면 바로 실전에 돌입하실 수 있을 겁니다.

또 시스템에 의한 자동매매를 통해 주식투자 초보부터 경험이 풍부한 투자자들에게도 주식 투자의 강력한 도구가 될 수 있고, 감정 개입 없이 바쁜 일상에서 빠르고 정확하게 투자할 방법을 찾아줄 것입니다.

자동매매에서는 효율적인 검색식이 매우 중요합니다. 10여 년 동안수백 가지 패턴과 검색식을 만들어 영상으로 만들고 블로그 및 유튜브에올려놓았습니다. 하지만, 이 책에 소개하는 6가지 지표와 자동매매 시스템은 가장 쉽고 핵심에 근접해 있다고 자부할 수 있습니다.

공부를 게을리하지 마시고, 다양한 전략을 이해하고 자신에게 맞는전략을 개발한다면, 더욱더 풍부한 시스템 매매로 열매를 맺을 수 있을것입니다.

이 책을 따라 하시다 보면 단 하루 만에 자동매매의 세계로 발을 들여놓게 되는데, 이 말의 의미를 절절히 깨닫게 되실 겁니다. 본문에 친절히 설명한다고 했으나 주식 초보자이시라면 몇 번의 시행착오를 통해 아시게 될 겁니다.

자동매매라고 하면 흔히 단타를 생각하시는 분들이 많습니다. 자동으로 매수, 매도를 한다는 거지 단타에만 적용되는 것이 아닙니다. 자동으로 매수를 하고 수동으로 매도를 하는 방법도 있고 스윙 이상의 중장기 투자의 경우 수동으로 매수하고 일정한 수익률을 달성하게 되면 자동으로 매도하는 방법 등 방식이 여럿일 수 있습니다.

다시 말하자면, 승률이 40% 즉, 10번 중 6번을 실패해도 4번 성공으로 수익을 볼 수 있다는 사실을 깊이 새기시길 바랍니다. 왜냐하면, 손실이 최소화되었기 때문에 수익의 극대화에서 수익을 보실 수 있기 때문입니다. 계좌의 총평균이 51%만 되어도 수익을 보는 것입니다.

유튜브 채널에서 제가 항상 강조하는 "만류귀종(萬流歸宗)"이라는 자연의 법칙은 만 가지 법칙이 결국에는 하나로 통한다는 말입니다. 만 가지 기법과 수식이 있지만 결국에는 '평균'으로 통한다는 것을 우리 독자님들께서도 꼭 명심하시기를 부탁드립니다.

손실이 나서 주가가 내릴 때 물타기를 하는 분들이 계십니다. 물타기란 매입한 주식의 가격이 하락할 때 그 손실을 만회하기 위해 매입 수량을 더욱 늘려 평균매입단가를 낮추려는 행위를 가리킬 때 사용합니다.

예를 들어, 1만 원에 100주의 주식을 샀는데, 그 주식의 가격이 8,000원으로 떨어졌다면 8,000원으로 100주를 더 사 평균매입단가를 9,000원으로 낮추는 것이 바로 물타기입니다.

물타기는 주가가 반등하여 재상승할 것이라는 기대를 품고 하지만, 내재가치가 좋은 주식의 주가가 일시적인 충격으로 하락했다가 다시 상승하는 경우를 제외하면 주가가 반등하는 일은 거의 없으며, 주가가 떨어

지기 시작하면 그 하락세가 언제 멈출지도 확실하지 않습니다. 그러므로 손실을 회복할 가능성은 크지 않으며 물타기 시점 후에 주가가 더 많이 하락하면 손실은 기하급수적으로 증가할 수 있습니다.

평균을 사용하실 때는 주가가 상승할 때 추가매수를 하는 "불타기"를 하셔야 합니다. 주가가 추세가 바뀐 것을 확인하고 상승 시 추가매수를 통해 단가를 조정하는 것입니다.

이게 다 조금이라도 낮은 가격에 사려고 하는 욕심이 만들어낸 환상입니다. 그래서 실패를 합니다.

분할매수는 습관이 되어야 합니다. 분할매수가 평균을 조정하는 역할을 하기 때문입니다.

주식 차트에서도 평균이 중요하지만, 운용의 묘에서도 평균이 중요한 이유입니다. 제가 피 같은 돈과 노력을 쏟아붓고, 시간을 투자해서 얻은 유일한 깨달음입니다. 우리 독자님들은 이를 통해 깨우치시길 기원합니다.

"Simple is the best"

단순함(SIMPLE) 속에 모든 정답이 있고 모든 기법은 평균에 수렴한다는 위대한 자연의 이치를 배우셔야 합니다.

수많은 시행착오와 실패를 겪고 나서 너덜너덜한 몸을 이끌고 돌고 돌아서 다시 앞에서 언급했던 가장 기초적인 방법으로 다시 돌아오게 되었습니다. 제가 몸소 겪었던 과정입니다.

거의 모든 보조지표로 매매를 해봤다고 자부합니다. 미친 듯이 보조지표를 찾아다녔고 적용해봤지만, 만족할 만한 결과를 도출하는 데 실패했습니다.

검색식이나 지표가 가장 중요한 요소는 아니었습니다. 앞에서 말한 가장 기본적인 것. 주가에 선행하는 거래량을 먼저 알아야 하고 사고과는(매수/매도) 운용의 묘가 중요합니다. 즉, 손실의 최소화와 이익의 극대화가 가장 중요하다는 말입니다.

단타에 목을 매는 많은 투자자가 실패하는 이유가 있습니다. 대부분이 자신만의 원칙과 매매포지션을 모르기 때문입니다. 원칙도 없이 닥치는 대로 단타만 죽어라 해서 돈을 벌고자 한다는 겁니다.

자신에게 맞는 매매포지션을 정하고 이를 꾸준히 지킬 수 있는 마인드의 정립, 자신에 대한 믿음과 흔들리지 않는 멘탈이 필요하며, 평온한 마음을 유지할 수 있도록 하는 일이 중요합니다.

세상에는 공짜가 없습니다.(There's no free lunch)

물론 초심자의 행운이 있지만 노력하지 않고 얻어지는 것은 없습니다. 제 유튜브 채널의 구독자님들이 댓글로 보내오는 사연을 보면 매매에 대한 원칙도 없이 조건 검색식과 지표를 찾아다니면서 세월을 낭비하고 있는 것을 볼 때마다 제가 직접 경험했던 수많은 실패를 전달할 수 없어 가슴이 아픕니다.

사람은 누구나 실패와 좌절을 겪습니다. 그러나, 실패는 성공을 위한 발판이 되어야 합니다. 실패의 원인을 파악하고 승리를 위한 먹이로 삼아야 합니다.

제 어리석은 경험을 우리 독자님들은 결코 겪게 하고 싶지 않습니다. 항상 겸손하게 배우고 실천하셨으면 합니다.

저는 장날이 되면 새벽에 전통시장을 나가 봅니다. 우리는 새벽을 깨우는 모든 분의 노력과 열정, 피와 땀을 배우셔야 합니다. 노력도 하지 않고 쉽게 돈을 벌고자 하는 것은 어불성설입니다.

세상이 그렇게 만만하지 않다는 것을 욕심 때문에 자꾸 망각하는 것 같습니다.

포기하지 않으면 결국에는 길이 열립니다. 항상 건강하시고 준비하는 자가 되었으면 합니다.

자동매매의 첫걸음에서 구독자님들의 시행착오를 최소화하면서 적응할 수 있도록 돕기 위해 이 책을 발간하게 되었습니다. 커피와 함께 새벽을 밝히고 있습니다. 감사합니다.

❶ 자동매매 플랫폼

자동매매를 하기 위한 툴로 대표적으로 키움증권 캐치, 예스트레이더, 트레이딩뷰, 파이썬 등이 있습니다.

각 플랫폼의 장단점을 비교하고 왜 키움과 예스트레이더로 자동매매를 추천하는지 알아보겠습니다.

자동매매라고 하면 흔히 단타를 생각하시는 분들이 많습니다. 자동으로 매매를 한다는 거지 단타만에 적용되는 것이 아닙니다.

뒤에 나오는 본인의 포지션에 따라 얼마든지 스윙 이상에서 장기투자까지 적용할 수 있습니다.

저는 단타 자동매매를 추천드리지 않습니다. 이유는 뒤에 설명이 되어있습니다.

▣ 키움증권 캐치

사용자 인터페이스가 간편하고 사용하기 쉽습니다. 키움증권은 국내 증권사 중 가장 많은 사용자를 가지고 있습니다. 그러나 제공되는 전략 및 지표가 제한적이고 코딩 기능이 부족하여 복잡한 전략을 구현하기 어렵다는 단점이 있습니다.

▣ 예스트레이더

다양한 전략 및 지표를 제공하고 코딩 기능을 통해 복잡한 전략을 구현할 수 있습니다. 그러나 사용자 인터페이스가 조금 복잡하고 초보자에게는 다소 어려울 수 있습니다.

▣ 트레이딩뷰

전 세계 수백만 트레이더들과 연결하여 아이디어를 공유할 수 있고, 다양한 차트 분석 도구를 제공합니다. 그러나 파인스크립트라는 언어에 대한 코딩 지식이 필요하고, 자동매매 기능은 제한적입니다.

▣ 파이썬

가장 높은 자유도를 제공하고 다양한 라이브러리를 활용하여 복잡한 전략을 구현할 수 있습니다.

코딩 지식이 필수적이고 별도의 서버가 있어야 하며 개발 및 유지 관리에 시간과 노력이 필요해서 초보자들에게는 어려운 언어입니다.

결론으로 초보자이고 간단한 조건검색을 사용하고자 하면 사용자 인터페이스가 간편한 키움증권 캐치를 추천합니다.

다양한 전략을 사용하고 싶거나 코딩 지식이 있는 경우 예스트레이더 또는 파이썬을 선택하는 것이 좋습니다.

트레이딩 아이디어 공유에 관심이 있다면 트레이딩뷰를 사용하는 것이 좋습니다.

❷ 엘리어트 파동이론

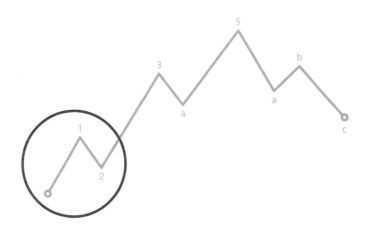

엘리어트 파동이론은 랠프 넬슨 엘리엇이 발견한 주가 변동의 법칙입니다. 이 이론은 시장의 가격이 일정한 리듬을 반복한다고 주장하며, 이러한 리듬은 10년 주기로 5번의 상승 파동과 3번의 하락 파동으로 구성됩니다. 경기 사이클과 흡사한 대자연의 법칙입니다.

자세한 설명은 아래의 영상을 참고하시기 바랍니다.

위 그림은 종합주가지수 주봉입니다.

2020년 초반 저점을 찍고 1파와 2파 조정파까지 진행이 되었습니다. 이제 가장 강력한 3파를 앞두고 있는 것을 알 수 있습니다.

3파는 10년 만에 오는 기회의 장입니다. 이 기회를 놓치면 다시 10년을 기다려야 합니다.

❸ 지지와 저항

지지와 저항만 알아도 주식은 실패하지 않습니다.

삼성전자의 일봉입니다.

최근 가장 많은 거래량을 가진 A저항대를 ①번 장대양봉이 거래량과 함께 시원하게 돌파하였습니다.

그러면 A저항 라인은 강력한 저항대에서 강력한 지지대로 바뀝니다. 전고점 저항대를 ②번 봉이 장대양봉으로 돌파하는 것을 볼 수 있습니다. 이제 전고점 저항 라인은 전고점 지지라인으로 바뀌었습니다.

앞으로 진행되는 주가가 이 라인(전고점 저항선)을 지켜주는지 관찰할 필요가 있습니다.

저 선이 무너지면 B지지 라인이 버티고 있습니다. 그다음은 A저항 라인이 지지라인이 되어 버티는지 확인이 필요하고 향후 주가를 예측할 수 있습니다. 이것을 이해할 수 있어야 합니다.

저항은 앞에서 고점에 물려있는 매물입니다.

그 지점에서 매수하신 분들은 주가가 내려서 마음고생을 엄청 하시고 본전에 오면 팔아야지 하고 기다리는 매물들입니다.

그런데 사람 마음은 그렇지 않습니다. ①번과 같이 강하게 장대양봉으로 돌파해서 수익으로 들어가면 더 올라갈 것 같아서 그 저항대가 지지로 확인이 되면 추가매수에 들어간다는 뜻입니다. 이것이 강력한 저항이 지지대가 되는 것입니다.

다음 영상을 참고하시면 큰 도움이 되실 겁니다.

QR코드를 휴대폰 카메라로 찍으면 영상의 경로로 바로 가실 수 있습니다.

120이평 박스권 지지와 저항 /
예스트레이더 조건검색식 및 키움 지표설정

https://youtu.be/9fa7tcnjQpc

고저 변동성 지지와 저항 /
예스트레이더 종목검색식 포함

https://youtu.be/W4lao73sR84

가격박스의 지지와 저항과 이동평균선 추세 강도 지표

https://youtu.be/hbrwC0s3gJg

지지와 수렴 : 눌림목 및 저가매수 포착 /
지표 설정 및 조건검색식

https://youtu.be/lslqt5wQBtc

단타용 지지와 저항 차트설정 /
완벽한 매수시점 포착

https://youtu.be/oLQTXmg0D8w

❹ 매매포지션 설정

사람마다 성격이나 태어난 환경에 따라 성장배경이 모두 다르고, 자신이 가진 자본금이나 시드머니가 다르기에 자신의 포지션을 반드시 설정해서 매매에 임해야 합니다.

보통 주식에서 매매포지션이라고 하면 스캘핑, 단타, 스윙, 중장기, 장기 대략적으로 5가지 정도로 나눠 볼 수 있습니다.

■ 주식 매매포지션의 종류

① 스캘핑

스캘핑은 보통 틱에서부터 1~5분봉을 주로 이용하며, 호가창만 가지고 거래하는 경우도 있습니다.

물론, 뉴스나 일봉 등 특징주의 성격을 가진 종목들이나 그날 많은 사람에게 관심이 집중되는 종목이 될 확률이 매우 높습니다.

초단기적으로 판단하고 주가의 흐름을 읽어내어 주식을 매수, 매도하는 거래방식인 만큼 그 숙련도를 요하는 포지션이며, 초고수의 영역입니다.

손절은 호가창의 흐름이나 자신만의 노하우나 경험을 가지고 -1% 내외에서 하며, 익절은 0.5%에서 3% 사이에서 합니다.

② 단타

단타의 경우 스캘핑과 같이 호재, 뉴스, 특징을 가지고 그날 튀는 주도주를 가지고 매매하는 거래 방식으로 보통 1분봉에서 5분봉까지 활용하여 거래합니다.

하지만 보통 진입 후 손절 -3% 정도를 잡고 기다리며, 익절은 3%, 5%, 7% 선에서 분할매도로 대응합니다.

이 시간은 빠르면 5분에서 10분 길면 경우에 따라서 한 시간에서 하루까지도 넘길 수 있습니다.

③ 스윙

보통의 스윙은 빠르면 하루에서 길면 2주~한 달 정도를 말합니다. 상세한 주가 흐름을 위해서 30분봉, 60분봉을 참고하기도 하지만, 일봉이 가장 기준이 되는 봉으로 사용합니다.

손절은 세 가지 정도의 방법이 있습니다.

먼저 첫 번째, 종가상 10% 이상의 슈팅이 나온 봉의 시가를 기준으로 이것을 이탈하면 손절합니다.

두 번째는, 자신이 진입한 매입가에서부터 -7%~-10% 사이를 손절 구간으로 잡고 이탈 시 손절합니다.

세 번째의 경우 세력의 흔들기를 예상하고 버티는 전략인데, 종목당 매수금이 가령 100만 원이라고 가정한다면, 분할매수로 진입하는 방법입니다.

대표적인 예로는 25만 원, 25만 원, 50만 원으로 3분할로 모아가는 전략이나 3:3:4로 하는 방법이 있습니다. 이 경우의 손절 라인은 기준봉의 시가가 아닌 직전 파동의 저점이 됩니다. 스윙의 경우 익절은 보통 10%에서 20% 사이입니다.

④ 중장기

중장기의 경우 한 달에서 석 달 길게는 반년까지도 생각하고 진입하는 주식 매매포지션입니다. 그래서 일봉 기준 240봉의 캔들에서 480봉의 캔들 사이를 한꺼번에 관찰하여 중장기의 주가 흐름을 파악하는 것이 중요합니다.

이동평균선의 경우 60일, 120일, 240일 선을 주로 사용하며, 주가의 흐름이나 추세가 무너지지 않는다면 손절하지 않고 계속해서 분할 매수를 통해 평단가를 낮춰가는 방식입니다.

중장기의 경우 익절은 보통 50%에서 100% 사이입니다.

⑤ 장기

장기 매매포지션의 경우 짧게는 1년에서 3년 길게는 5년에서 10년간의 긴 시간의 업황을 분석합니다. 신기술이나 앞으로의 미래 발전 가능성을 보고 투자하는 방법으로 배당으로 수익을 챙기며 회사와 함께 성장하는 방식입니다.

그 기업과 일생을 같이 간다는 생각으로 돈이 있을 때마다 펀드의 형식으로 계속해서 매수하는 방식이며, 주식시장이 1년간 문을 열지 않아도 편안한 마음으로 기다릴 수 있는 기업을 고르는 방식입니다. 이 방식의 대가로는 워런 버핏이 있습니다.

주식 공부를 계속해서 열심히 한다는 전제에서 본인의 환경, 성격, 시간과 돈을 고려하여 매매포지션을 정해야 하는 것입니다.

자신에게 맞는 주식 매매포지션을 선택하는 것은 주식을 시작하는 첫 단계에 속합니다. 자신에게 어떤 포지션이 맞는지 모르겠다면, 소액으로 여러 방법을 시도해 보는 것이 좋습니다.

다만, 단타로 시작해서 손절하지 못해서 스윙이나 중장기로 넘어가는 것은 포지션매매가 아닙니다. 각각의 매매포지션에 맞게 진입해서 경험해봐야 한다는 것을 반드시 명심해야 합니다.

키움 조건검색식과
캐치 자동매매

📢 읽기 전에

이 장은 키움증권 영웅문4 설치 과정을 단계별로 자세히 안내하고, 설치 후 자동매매에 필요한 설정 및 기본 사용법까지 소개합니다. 사진과 자세한 설명을 통해 누구나 쉽게 따라 할 수 있도록 구성했습니다.

책으로 다 담지 못한 부분은 제 채널에서 영상과 함께 자세히 설명이 되어있습니다.

중간중간 필요한 링크를 제공하여 드리겠습니다. 대부분은 키움증권 프로그램을 설치하여 운영하고 계시지만, 모르시는 초보자분들도 계시기 때문에 설치부터 시작하도록 하겠습니다.

01

키움증권 영웅문4 설치

1단계 설치프로그램

키움증권 홈페이지에 접속합니다. 상단의 다운로드를 클릭합니다.

2단계 저장하기

"저장" 버튼을 누릅니다. 저장할 폴더를 별도 지정하지 않으면 일반적으로 "다운로드" 폴더에 저장됩니다.

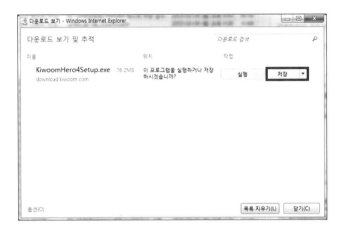

3단계 실행하기

다운로드가 완료되면 "실행" 버튼을 누릅니다.

아무도 가르쳐주지 않는 주식 자동매매

4단계 실행할 폴더 선택

영웅문을 설치할 폴더를 선택합니다.

(변경하지 않으면, "KiwoomHero4"로 생성됩니다.)

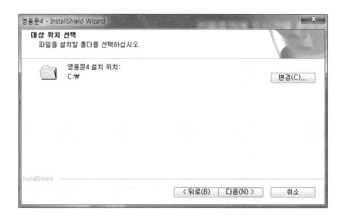

5단계 설치 완료

설치가 완료되면 바탕화면에 '영웅문4 아이콘'이 생깁니다.

6단계 영웅문4 실행

7단계 접속하기

발급받으신 고객 ID와 ID 비밀번호, 인증비밀번호를 치고 영웅문4에 접속합니다.

아무도 가르쳐주지 않는 주식 자동매매

조건검색 실행하기

캐치 프로그램 사용에 앞서 먼저 조건 검색을 만들어 보겠습니다.

단타는 제가 추천하는 방법이 아니지만, 자동매매의 과정을 보여드리기 위한 과정인지라 진행해 보도록 하겠습니다.

단타에서 제일 중요한 것은 수급 즉, 거래량입니다. 모든 기법이 무의미하다고 할 정도입니다.

가장 강력한 수급(매수세)을 포착하여 짧게 먹고 빠지는 과정입니다. 그러나 세력들은 심리전의 달인들이고 개인들 패턴을 다 파악하고 있습니다. 절대 호락호락 수익을 주지 않습니다.

'필승단타'는 강력한 수급이 들어오는 종목을 포착하는 방법입니다. 그러나, 앞서도 언급했듯이 세력들이 본격적으로 주가를 올리기 위해서는 많이 흔들어서 개인들의 단타 물량을 받아내는 과정이 필요합니다.

왜냐하면 세력은 물량이 없고, 개인은 돈이 없기 때문입니다. 그래서 이러한 과정은 필연적입니다. 자동매매가 단타에서 실패하는 가장 큰 이유입니다.

자동매매에서 대부분 2%에서 5% 손익절을 설정합니다. 이것을 세력이 누구보다 더 잘 알고 있습니다. 그러기 때문에 목표한 물량을 받아내기 위해 급등하는 것처럼 하다가 5% 이상 주가를 빼버립니다.

세력들은 시간에 쫓기지 않습니다. 며칠 혹은 몇 달을 이러한 과정을 거치면서 개인들을 녹초로 만들어 버립니다. 생활비를 벌어야 하는 개미들의 초조함을 알고 있기 때문에 개미들은 버티지를 못하는 것입니다.

그러면 자동매매 물량 및 개인들의 투매 물량이 나오고 세력들은 이 작업을 반복해서 자신들이 계획한 물량이 채워지면 다시 급등시키는 작업을 합니다.

그래서 매수는 자동으로 하는 것이 수동보다는 빠릅니다만, 매도는 수동으로 하시는 것이 수익률이 더 좋은 이유입니다.

자동으로 손절률을 설정하시면 저런 방식에 당하기 십상입니다. 많은 경험이 필요한 이유이기도 하겠지요.

참고로 저는 세력의 흔들기에 당하지 않기 위해 손절률은 적용하지 않고 익절 5~10%만 적용합니다. 즉, 자동으로 매수는 하되 매도는 지지와 저항을 통해 한다는 것입니다.

그리고 나서 며칠 또는 빠르면 하루 정도 지지를 확인하고 추가 매수든 손절이든 선택합니다. 이것도 충분한 연습과 경험이 필요한 부분이니 처음에는 자신에게 맞는 손익률을 먼저 찾아내 보시기 바랍니다.

앞의 머리말에서도 언급했듯이 검색식이나 지표가 중요한 것이 절대 아닙니다. 물론 좋은 검색식이 필터링 측면에서 도움이 되는 것은 사실입니다. 하지만 매수/매도를 하는 데 운용의 묘가 제일이라는 점을 아셔야 합니다. 즉, 손실의 최소화와 이익의 극대화를 항상 명심하셔야 합니다.

다시 한번 강조하지만 승률이 40%라도 10번 중 6번을 실패해도 4번 성공으로 수익을 볼 수 있다는 사실을 아셔야 합니다. 왜냐하면, 손실이 최소화되었기 때문에 수익의 극대화에서 수익을 보실 수 있기 때문입니다. 지지와 저항 분석은 홀딩과 손절의 잣대가 됩니다.

조건검색식을 얼마나 효율적으로 잘 작성하는가에 따라서 자동매매의 승률이 결정됩니다. 물론, 승률이 전부는 아니며 끊임없는 모의투자로 검증하셔야 하고 노력이 요구됩니다.

왼쪽 상단의 검색창에 0150을 입력하고 엔터를 칩니다.

조건검색 화면이 나왔습니다. 조건식 새로작성을 클릭합니다.

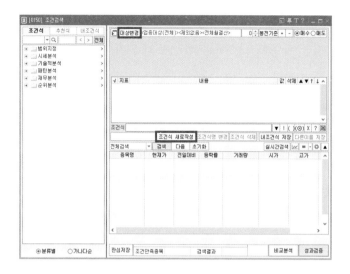

조건검색 화면에서 상단에 있는 대상변경을 눌러줍니다.

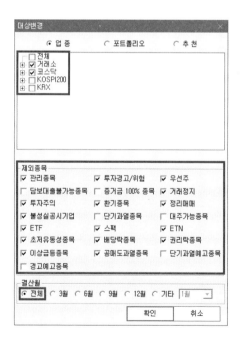

아무도 가르쳐주지 않는 주식 자동매매

위와 같이 제외 종목에 체크하고 확인을 누릅니다. 이는 관리종목과 같이 위험하고 거래량이 없는 종목과 ETF 같은 종목을 제외하기 위한 과정입니다.

잘 모르신다면 지금은 그냥 따라 하시면 됩니다. 거래 경험이 쌓이면 차차 알게 되는 부분입니다.

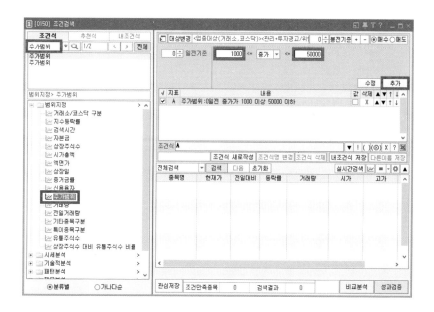

왼쪽 상단 조건식을 누르고 검색창에 "주가범위"를 입력하고 엔터를 칩니다. 하단의 주가범위를 눌러줍니다.

그리고 오른쪽 입력란에 1,000원에서 50,000원을 입력하고 추가를 누릅니다.

이것은 동전주를 제외하고 1,000원 이상 5만 원 미만의 종목을 검색하는 조건식입니다.

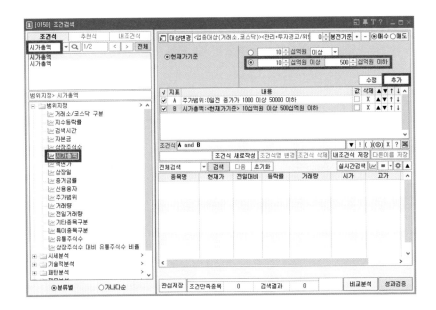

다음은 시가총액이라고 검색하고 하단의 시가총액을 눌러줍니다.

우측 상단에 10과 500을 입력합니다. 100억 이상 5천억 이하 종목을 검색하기

위한 조건식입니다. 이제 추가를 눌러줍니다.

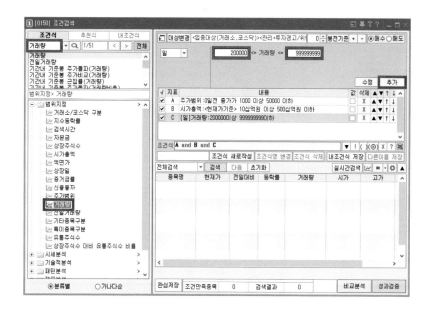

다음은 "거래량"이라고 검색하고 하단의 "거래량"을 눌러줍니다.

우측 상단에 200,000과 999,999,999를 입력합니다.

거래량이 최소 20만 주 이상의 종목을 검색하기 위한 조건식입니다. 그리고 추가
를 눌러줍니다.

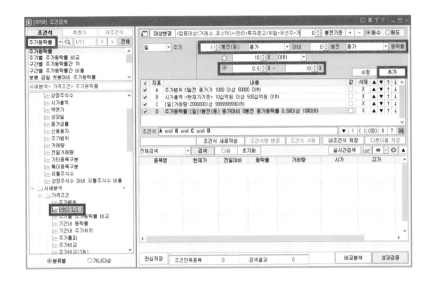

다음은 주가등락률이라고 검색하고 하단의 주가등락률을 눌러줍니다. 우측 상단
에 1봉전 종가대비 0봉전 종가등락률에 0.5와 10을 입력합니다.

1봉전이라는 것은 오늘로부터 1봉전, 즉 어제의 주가를 말하는 것입니다.

다시 말하면 어제(1봉전) 종가대비 오늘(0봉) 종가가 양봉이 나오는 당일 주가가
0.5% 이상 10% 이하의 종목을 검색하기 위한 조건식입니다.

너무 급등한 종목은 배제하고 당일 주가가 10% 이하의 종목만을 검색하기 위한
것입니다. 그리고 추가를 눌러줍니다.

아무도 가르쳐주지 않는 주식 자동매매

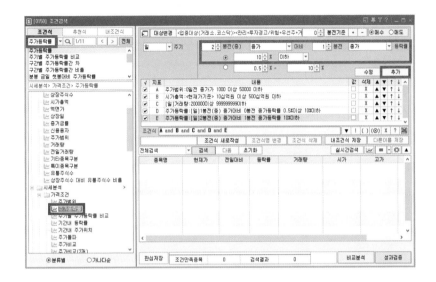

다음은 그대로 주가등락률 화면에서 이제는 2봉전 종가대비 1봉전 종가등락률 우측 상단에 10% 이하를 입력합니다.

이는 2일 전 종가대비 1일 전 종가등락률을 찾기 위한 검색식입니다. 전일 주가가 너무 급등하지 않은 10% 이하의 종목을 검색하기 위한 조건식입니다. 그리고 추가를 눌러줍니다.

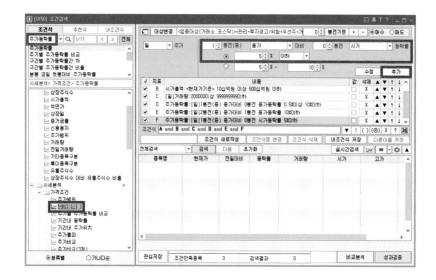

다음은 그대로 주가등락률 화면에서 1봉전 종가대비 0봉전 시가등락률 5% 이하
를 입력합니다.

이는 당일 주가의 시가 상승률(갭 상승)이 5% 이하의 종목을 검색하기 위한 조건
식입니다. 갭상승이 5% 이상일 경우 차익실현 매물이 나와 상승이 어렵습니다. 그
리고 추가를 눌러줍니다.

아무도 가르쳐주지 않는 주식 자동매매

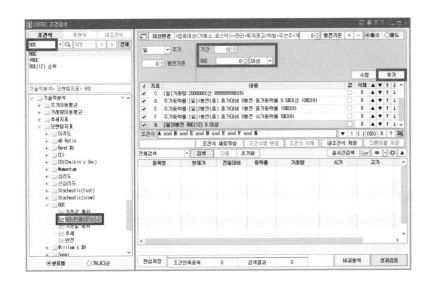

다음은 ROC라고 검색하고 ROC 기준값 이상이하를 눌러줍니다.

기간 12와 0 이상을 입력합니다. 12일 전의 주가보다 현재 주가가 높은 종이격을

찾기 위한 것입니다.

Price ROC는 금일 주가와 n일 전 주가 사이의 차이를 나타내는 지표입니다. 보통

12~20일을 많이 사용합니다.

가령, 20일이라고 하면 금일주가가 20일 전의 주가에 비해 어느 위치에 있냐는 것

입니다. 즉, 0을 돌파한다는 것은 20일 이동평균선이 돌아서는 변곡점으로 상승으

로 추세가 바뀐다는 의미입니다.

PRICE ROC의 활용법

https://youtu.be/rlm9PemT4gk

그리고 추가를 눌러줍니다.

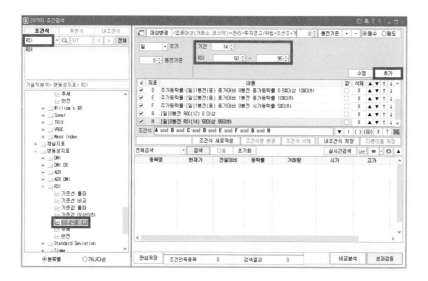

다음은 RSI라고 검색하고 RSI 기준값 범위를 눌러줍니다.

기간 14와 범위를 50-95로 입력합니다.

RSI가 50 이상에서 너무 과열되지 않은 100 이하의 강도를 찾기 위함입니다.

아무도 가르쳐주지 않는 주식 자동매매

주식 보조지표 RSI

https://blog.naver.com/songtong/220927158464

그리고 추가를 눌러줍니다.

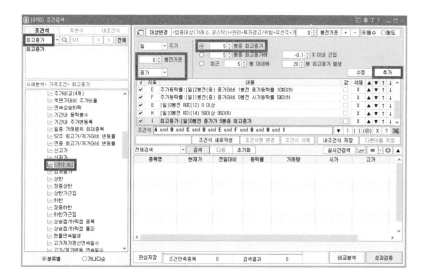

다음은 최고종가라고 검색하고 아래 최고종가를 누르고 0봉전 기준으로 5봉 최고

종가를 입력합니다.

고가는 종가보다 타점이 높기 때문에 5일 동안의 최고 종가를 찾기 위해서입니다.

그리고 추가를 눌러줍니다.

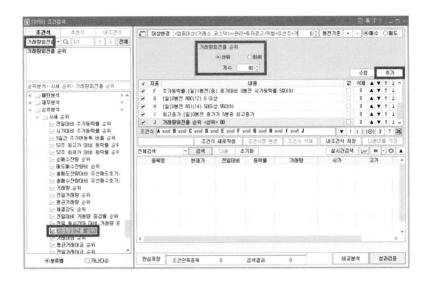

다음은 거래량회전율이라고 검색하고 아래 거래량회전율 순위를 누르고 상위 80
을 입력합니다. 금일 검색시점에서 거래량 회전율이 가장 높은 80종목을 찾는 것
입니다.

주식에서 '거래량 회전율'은 시장에서 거래되는 총주식 수에 대한 회전 속도를 나
타냅니다. 이 지표는 시장의 활기와 유동성을 측정하는 데 사용됩니다. 그리고 추
가를 눌러줍니다.

아무도 가르쳐주지 않는 주식 자동매매

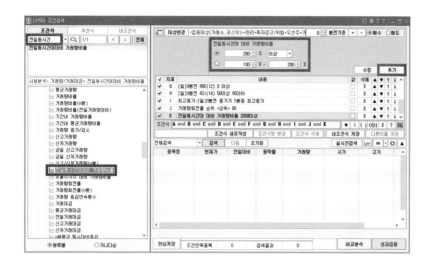

다음은 "전일동시간"이라고 붙여서 검색하고 전일 동시간대 대비 거래량비율을 누르고 상위 200% 이상을 입력합니다.

전일 동시간대 거래량 대비 금일 동시간대 거래량이 2배 이상 되는 종목을 찾는 것입니다. 그리고 추가를 눌러줍니다.

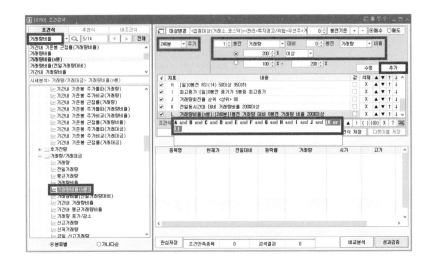

거래량비율이라고 검색하고 아래의 거래량비율(N봉)을 선택합니다.

240분 주기로 바꾸시고 1봉전 거래량대비 0봉전 거래량 비율 200% 이상을 선택합니다.

다음으로 ▼ 눌러서 K에서 L까지 범위를 지정해서 옆에 있는 ( )로 묶어줍니다. 그리고 AND를 더블클릭해서 OR로 바꾸어 줍니다.

전일 동시간대 대비 거래량 또는 1봉전 240분 거래량대비 200% 비율을 검색하기 위한 것입니다.

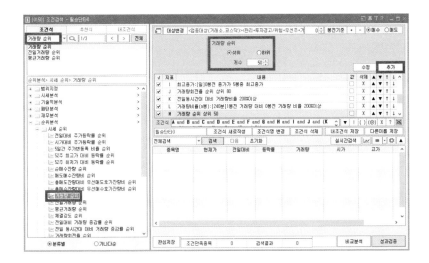

다음은 거래량 순위라고 검색하고 아래 거래량 순위를 누르고 상위 50을 입력합니다.

금일 검색시점에서 거래량이 가장 높은 50종목을 찾는 것입니다. 그리고 추가를 눌러줍니다.

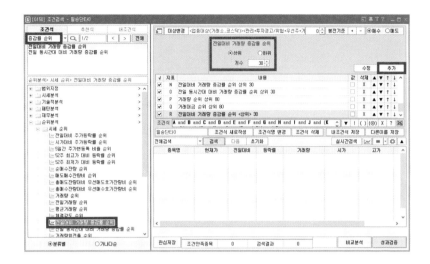

다음은 증감률 순위라고 검색하고 아래 전일대비 거래량 증감률 순위를 누르고 상위 30을 입력합니다.

금일 검색시점에서 전일대비 거래량 증감률이 가장 높은 30종목을 찾는 것입니다. 그리고 추가를 눌러줍니다.

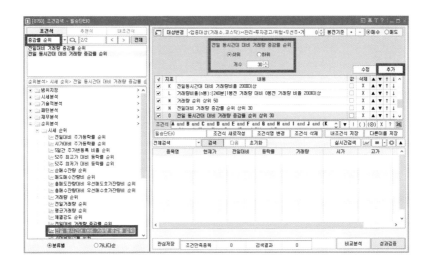

다음은 증감률 순위라고 검색하고 아래 전일 동시간대비 거래량 증감률 순위를 누르고 상위 30을 입력합니다.

금일 검색시점에서 전일 동시간대 거래량 대비 금일 거래량 증감률이 가장 높은 30종목을 찾는 것입니다. 그리고 추가를 눌러줍니다.

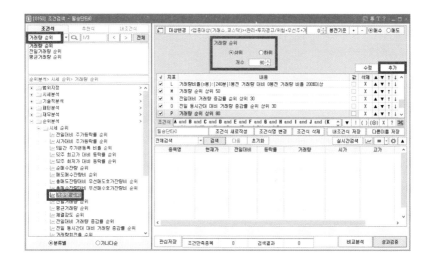

다음은 거래량 순위라고 검색하고 아래 거래량 순위를 누르고 상위 80을 입력합니다.

금일 검색시점에서 거래량이 가장 높은 80종목을 찾는 것입니다. 그리고 추가를 눌러줍니다.

아무도 가르쳐주지 않는 주식 자동매매

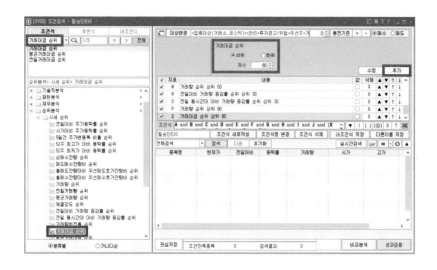

다음은 거래대금 순위라고 검색하고 아래 거래대금 순위를 누르고 상위 80을 입력합니다.

금일 검색시점에서 거래대금이 가장 높은 80종목을 찾는 것입니다.

거래량의 경우 오류가 발생할 때가 있습니다.

주식에서 제일 중요한 거래량과 거래대금의 비밀은 아래 영상을 참고하시기 바랍니다.

대박주식연구소 강의 영상

거래량과 거래대금의 비밀

https://youtu.be/pinTyYWYL2w

그리고 추가를 눌러줍니다. 이제 괄호 정리를 하겠습니다.

```
A and B and C and D and E and F and G and H and I and J and (K or
L) and (M or N or O or (P and Q))
```

다음으로 ▼ 눌러서 M에서 Q까지 범위를 지정해서 옆에 있는 ( )로 묶어줍니다.

P에서 Q까지 범위를 지정해서 옆에 있는 ( )로 묶어줍니다.

그리고 AND를 더블클릭해서 위와 같이 OR로 바꾸어 줍니다. 그다음 다른 이름으

로 저장을 누릅니다.

저장할 조건명에 "필승단타"라고 입력하고 확인을 누릅니다.

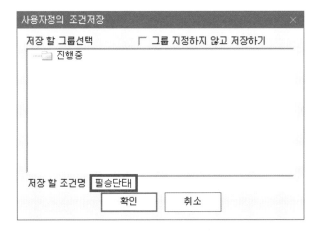

이렇게 해서 조건검색식을 완성하였습니다. 이 조건식으로 실전매매를 하라는 것

이 아닙니다. 이렇게 조건식을 만들 수 있다는 예제이고 완벽한 검색식이란 없습니

다. 모의투자를 통해 끊임없는 경험과 보완을 통해 본인만의 검색식을 완성하시기

바랍니다.

A	주가범위 : 1일 전 종가가 1000 이상 50000 이하
B	시가총액 : 현재가기준 10십억원 이상 500십억원 이하
C	[일]거래량 : 200000이상 9999999990이하
D	주가등락률 : [일]1봉전(중) 종가대비 0봉전 종가등락률 0.5%이상 10%이하
E	주가등락률 : [일]2봉전(중) 종가대비 1봉전 종가등락률 10%이하
F	주가등락률 : [일]1봉전(중) 종가대비 0봉전 시가등락률 5%이하
G	[일]0봉전 ROC(12) 0 이상
H	[일]0봉전 RSI(14) 50이상 95이하
I	최고종가 : [일]0봉전 종가가 5봉중 최고종가
J	거래량회전율 순위 상위 80
K	전일동시간대 대비 거래량비율 200%이상
L	거래량비율(n봉) : [240분]1봉전 거래량 대비 0봉전 거래량 비율 200%이상
M	거래량 순위 상위 50
N	전일대비 거래량 증감률 순위 상위 30
O	전일 동시간대 대비 거래량 증감률 순위 상위 30
P	거래량 순위 상위 80
Q	거래대금 순위 상위 80

A and B and C and D and E and F and G and H and I and J and (K or L) and (M or N or O or (P and Q))

수동으로 매매하실 분은 장 시작 전 "실시간검색"을 눌러서 사용하시면 됩니다.

이제 캐치 프로그램에서 이 검색식을 활용하여 자동매매를 하는 방법을 알아보도록 하겠습니다.

캐치 프로그램 실행하기

대박주식연구소 강의 영상 참고

캐치 자동매매를 위한 설정 방법

https://youtu.be/tVW0tzv2Uw8

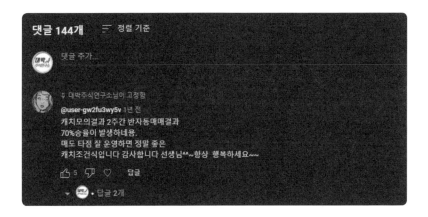

댓글 144개   ⇌ 정렬 기준

댓글 추가...

⚲ 대박주식연구소님이 고정함
@user-gw2fu3wy5v 1년 전
캐치모의결과 2주간 반자동매매결과
70%승율이 발생하네용.
매도 타점 잘 운영하면 정말 좋은
캐치조건식입니다 감사합니다 선생님^^~항상 행복하세요~~

👍 5   👎   ♡   답글

▼ 답글 2개

1단계 캐치 전용계좌 생성

캐치를 사용하려면 캐치 전용계좌를 만들어야 합니다. 계좌번호는 새로 부여되지만, 비대면인증 등의 과정 없이 기존 계좌에 연결하는 수준이라 간단하고 쉽습니다.

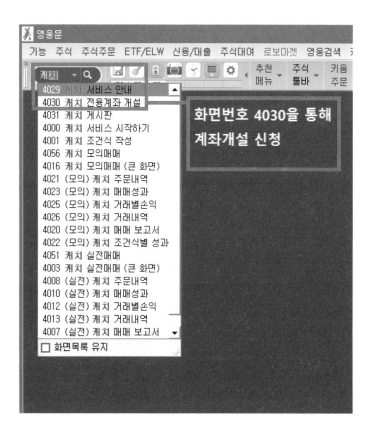

아무도 가르쳐주지 않는 주식 자동매매

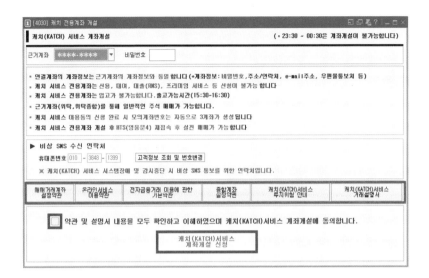

약관 설명 확인 5가지 모두 클릭해서 확인합니다. 체크박스 선택 후 계좌개설 신청

합니다.

2단계 캐치 서비스 시작하기

4000번을 입력하여 캐치 서비스 시작하기 화면을 불러옵니다.

1) 화면설명캐치(KATCH) 시작하기 화면은 세 단계로 이루어져 있습니다.

STEP 1. 조건식작성 → STEP 2. 캐치(KATCH) 조건설정 → STEP 3. 캐치 (KATCH) 매매의 세 가지 단계로 이루어져 있습니다.

① 조건식을 선택하세요. 화면에서 내조건식을 클릭합니다.

기존에 사용하신 분은 왼쪽 LIST에 조건식이 있지만, 처음 오셨다면 조건식을 만들어야 합니다. 이 화면에서 조건식을 만들 수도 있지만 여기 화면에서 만들면 캐치 외 다른 화면에서는 사용할 수가 없습니다.

이 화면에서 조건식을 만드는 것은 앞에서 했던 0150에서 만들었던 방법과 일치합니다. 범용성을 위해 모든 화면에서 사용할 수 있도록 앞에서 만든 0150 화면에서 가져오도록 하겠습니다.

위 화면 왼쪽 하단 "내조건식 리스트 편집"을 누릅니다.

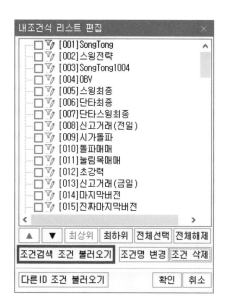

"조건검색 조건 불러오기"를 선택합니다.

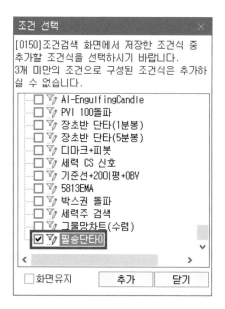

앞에서 저장했던 "필승단타"가 맨 아래에 있습니다. 체크를 하시고 추가를 누르시면 됩니다.

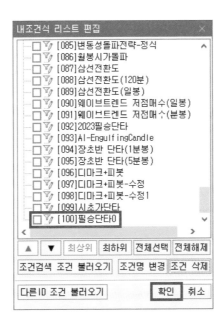

이렇게 필승단타 조건식이 들어왔습니다. 확인을 눌러줍니다.

왼쪽 하단에 아까는 없던 필승단타가 들어와 있습니다. 더블클릭하면 조건검색이

나옵니다. 모의매매를 눌러줍니다.

자동매매는 처음부터 실전매매를 하지 마시기 바랍니다. 모든 자동매매 조건검색

식은 최소 1달 이상은 모의매매에서 검증작업을 거친 뒤 실전에서 사용하셔야 합

니다.

아무도 가르쳐주지 않는 주식 자동매매

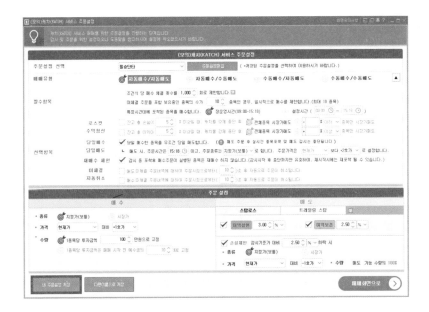

위와 같은 화면이 나옵니다.

- ㅇ 매매하는 동안 지켜볼 수 있다면 자동매수/수동매도가 수익률이 좋지만, 매매유
  형은 자동매수/자동매도로 일단 세팅합니다.
- ㅇ 장 운영시간은 모의매매이기에 기본세팅으로 했습니다. 만약 오전에만 하고 싶
  다면 원하시는 시간대로 바꿀 수 있습니다. 저는 10시까지만 캐치 자동매매를
  운영합니다. 그 후는 변동성이 약해 크게 수익률에 도움이 되지 않아서입니다.
- ㅇ 단타의 특성상 당일 매수한 종목은 당일 매도하는 걸 원칙으로 합니다.
- ㅇ 재매수 제한은 한 번 매수한 종목은 다시 매수하지 않는 것을 말합니다.
- ㅇ 매수에서 모의매매는 시장가 주문이 안 됩니다.
- ㅇ 현재가에서 위로 1번째 호가로 주문이 됩니다. 원하시는 대로 설정하시면 됩니다.

○ 투자금액은 1백만 원으로 고정합니다.

○ 매도는 이익실현 3%/이익보존 2.5%/손실제한 2.5%로 세팅합니다.

주가가 2.5%를 넘어서 3%까지 가면 3%에 매도되지만, 2.6%까지만 갔다가

2.5%로 내려오면 2.5%로 매도되는 것입니다.

○ 매도는 실전에서 시장가로 주문하는데 여기서는 –1호가에 주문합니다.

이제 이 세팅을 보존하기 위해 "내 주문설정 저장"을 누릅니다.

"필승단타(모의)"라고 입력하시고 확인을 누릅니다.

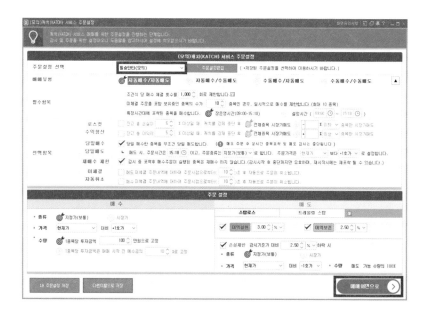

아무도 가르쳐주지 않는 주식 자동매매

필승단타(모의)라는 이름으로 세팅이 저장되었습니다.

"매매화면으로"를 눌러줍니다.

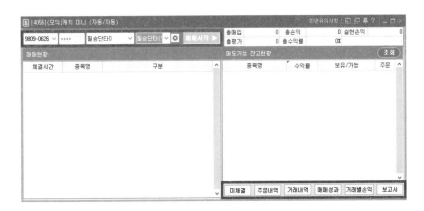

상단 맨 왼쪽은 캐치 계좌번호를 선택하시고 비밀번호 입력한 뒤 필승단타 조건식, 그리고 주문설정 세팅 순으로 되어있습니다. 장 시작 전 매매시작을 누르고 자동 매매를 시작하시면 됩니다.

아래는 실제 자동매매로 거래된 결과입니다. 변동성이 가장 큰 오전 9시에서 10시 까지만 자동매수를 한 것입니다. 보시는 바와 같이 10시가 넘어서면 변동성이 축 소되어 손실을 본 것입니다. 승률이 80%로 집계되었습니다. 결과는 항상 이렇게 나오는 것은 아니고 그날그날 다릅니다.

앞에서도 언급한 바와 같이 운용의 묘에 따라 승률보다는 손실의 최소화/이익의 극대화를 추구하시는 것을 꾸준히 연습하셔야 합니다.

따라서 비중이 높을 경우는 자동매수/수동매도로 대응하시는 것이 수익률이 훨씬

좋다는 것을 명심하셔야 합니다.

왼쪽에 매매현황이 나옵니다.

우측 하단의 "보고서"를 누르면 시스템 매매전략 보고서가 나옵니다.

아무도 가르쳐주지 않는 주식 자동매매

총거래횟수 5회/수익거래수 4/손실거래수 1/승률 80%라고 되어있습니다.

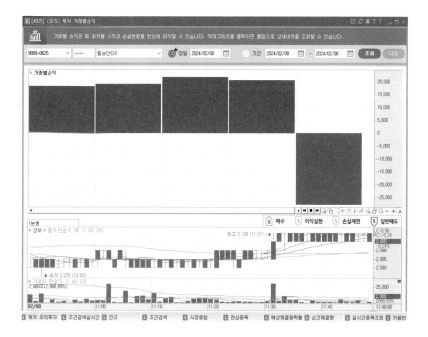

이 화면은 "거래별 손익" 화면으로 막대그래프로 나타납니다.

이 화면은 "주문내역" 화면입니다.

이 화면은 "거래내역" 화면입니다.

차트와 함께 제공되고 매수/이익실현/손실제한/일반매도로 아래 차트에 표시가

됩니다.

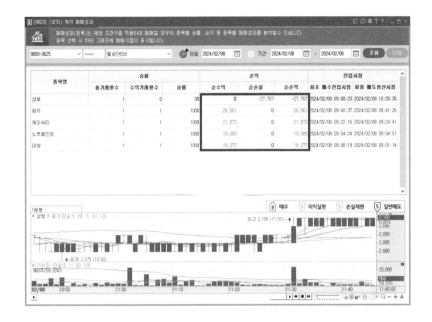

이 화면은 "매매성과" 화면입니다. 손익과 승률이 나와서 편하게 보실 수 있습니다.

실전매매도 모의매매랑 비슷하지만 몇 가지 다른 점이 있습니다.

다시 4000번을 입력하시고 캐치 시작하기로 갑니다.

04

캐치 실전매매 주문설정

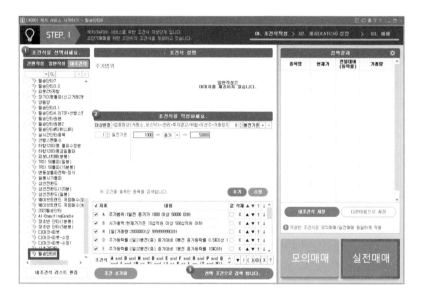

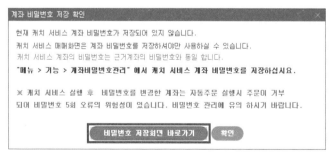

아무도 가르쳐주지 않는 주식 자동매매

비밀번호 저장화면이 나옵니다. 비밀번호를 저장해놓아야 자동매매가 자동으로 수행됩니다. 비밀번호 저장화면 바로가기를 눌러봅니다.

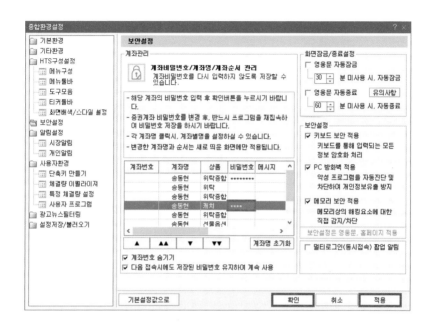

캐치 계좌 선택 후 위 빨간색 네모 칸에 비밀번호를 입력하고 적용 → 확인 버튼을 누릅니다.

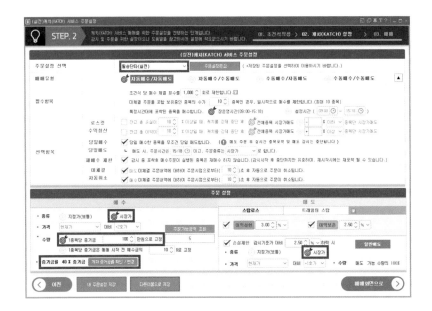

실전매매에서는 시장가 기능이 있습니다.

증거금률이 40%라는 말은 40만 원이 있으면 100만 원까지 매수가 가능하다는 이야기입니다.

종목마다 증거금률이 있습니다. 따라서 위 수량의 1종목당 증거금 100만 원으로 실전매매를 하면 40% 증거금률인 경우 2.5배인 250만 원이 매수가 되기 때문에 조심해야 합니다.

초보자들은 계좌 증거금률 확인/변경에서 증거금을 100%로 해두시고 매매하기를 추천드립니다. 다른 기능은 모의매매와 같습니다.

이렇게 키움 캐치에서 자동매매를 하는 방법을 알아봤습니다.

다시 한번 당부드리는 것은 굉장한 위험도가 있기 때문에 모의매매를 통해서 숙련도를 올리고 실전매매로 들어가시라는 점입니다.

아무도 가르쳐주지 않는 주식 자동매매

이제 자동매매를 보충해줄 화면 세팅을 해보도록 하겠습니다. 아래 그림을 보시고 웬만하면 똑같이 즉, 상하좌우가 잘리지 않도록 배치하시기 바랍니다.

#4051   캐치미니는 좌측 상단에 배치합니다.

#1410   X-Ray 주문종합은 좌측 하단에

#0659   인포스탁섹터종합은 중앙 상단에

#0120   미니체결은 중앙 하단에

#0190   실시간 종목 조회 순위는 중앙 하단에

#0600   키움종합차트는 우측 전체로 길게 배치합니다.

대박주식연구소

https://www.youtube.com/@songtong

대박차트연구소

https://www.youtube.com/@songtongChart

네이버 카페

https://cafe.naver.com/daebakstocks

네이버 블로그

https://blog.naver.com/songtong

2

예스트레이더
자동매매

📢 읽기 전에

2장에서는 키움증권에서 표현하지 못하는 다양한 자유도를 표현할 수 있는 예스트레이더의 자동매매에 대하여 본격적으로 공부해보도록 하겠습니다.

예스트레이더는 국내에서 가장 많이 사용되는 시스템 트레이딩 프로그램 중 하나이며, 다음과 같은 장점을 가지고 있습니다.

키움증권 수식관리자와 유사한 언어를 사용하고 있어 키움 수식관리자에 익숙한 분들에게 쉬운 접근성을 가지고 있습니다.

예스트레이더가 유료라고 생각하시는 분들이 계시는데 무료입니다. 국내주식의 경우 현재는 하이투자증권, NH투자증권에 주문금만 있으면 키움증권과 똑같이 예스트레이더 자동매매는 무료로 사용할 수 있습니다.

아무도 가르쳐주지 않는 주식 자동매매

1. 다양한 기능

- **편리한 주문 기능**   예스트레이더는 시장가, 지정가, 조건부 등 다양한 주문 방식을 지원하며, 마우스 클릭 한 번으로 매매할 수 있는 간편 주문 기능도 제공합니다.
- **강력한 성능의 차트**   다양한 기술적 지표와 도구를 제공하여 투자자들이 원하는 방식으로 차트를 분석하고 시장 상황을 파악할 수 있도록 지원합니다.
- **시스템 트레이딩 언어**   YesLanguage라는 자연어에 가까운 언어를 사용하여 투자자들이 원하는 매매전략을 자유롭게 코딩하고 자동 매매할 수 있도록 합니다.

2. 사용 편의성

- 직관적인 인터페이스   초보자도 쉽게 사용할 수 있도록 인터페이스가 직관적으로 구성되어 있으며, 다양한 교육 자료와 사용자 커뮤니티를 통해 프로그램 사용법을 익힐 수 있습니다.
- 다양한 플랫폼 지원   PC, 모바일, 웹 등 다양한 플랫폼에서 사용할 수 있어 투자자들이 언제 어디서든 거래를 할 수 있습니다.

3. 높은 성능

- **빠른 처리 속도**   고성능 시스템으로 구축되어 있어 매매 시그널을 빠르게 처리하고 자동 매매를 실행할 수 있습니다.
- **안정적인 운영**   오랜 기간 시장에서 검증된 안정적인 프로그램이며, 지속적인 업데이트를 통해 새로운 기능과 개선된 성능을 제공합니다.

4. 활발한 커뮤니티

- 다양한 정보 공유   예스트레이더 사용자들로 구성된 활발한 커뮤니티가 존재하며, 이를 통해 다양한 정보와 경험을 공유하고 서로 배우고 성장할 수 있습니다.
- 전문가들의 도움   커뮤니티에는 전문가들이 참여하여 투자자들의 질문에 답변하고 시스템 트레이딩 관련 정보와 노하우를 제공합니다.

01

예스트레이더 설치

먼저 예스트레이더를 설치해 보도록 하겠습니다. 기존에 프로그램을 사용하던 분들은 건너뛰셔도 상관없습니다.

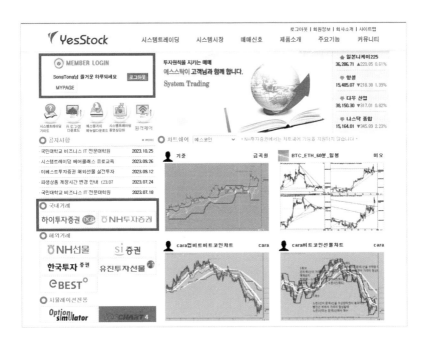

아무도 가르쳐주지 않는 주식 자동매매

구글이나 네이버에서 "예스스탁"을 검색합니다. 예스스탁 홈페이지로 들어갑니다. 회원가입을 하고 로그인하면 됩니다. 국내거래는 하이투자증권과 NH투자증권이 있습니다.

저는 하이투자증권으로 사용하고 있기 때문에 하이투자증권으로 설명하겠습니다. 어떤 것을 사용해도 예스트레이더의 기능은 동일합니다. 하이투자증권으로 들어 갑니다.

64비트용 YesTrader4.0(베타) 다운로드를 눌러 설치합니다.

다음을 눌러서 설치를 진행합니다.

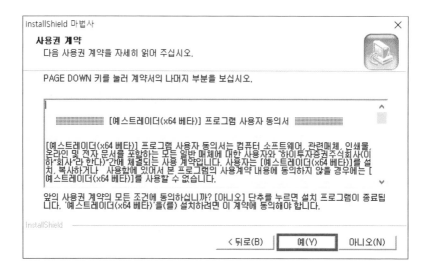

예를 눌러줍니다.

아무도 가르쳐주지 않는 주식 자동매매

다음을 눌러서 계속 진행합니다.

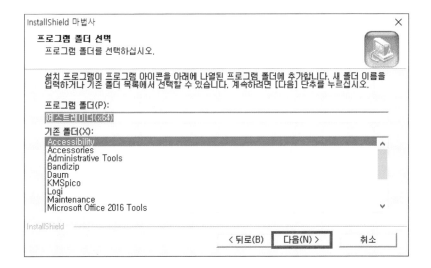

다음을 눌러서 계속 진행합니다.

완료를 눌러 설치를 마무리합니다.

설치 후 아이콘을 클릭해 프로그램을 구동시킵니다.

대박차트연구소 강의 영상

키움수식을 예스트레이더에서 종목검색 하는 방법

https://youtu.be/VBKGSYTk5ho

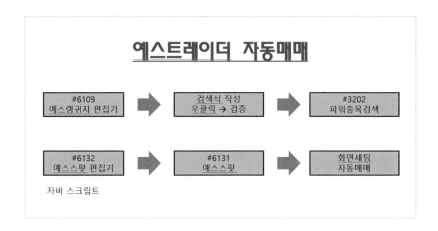

예스트레이더 자동매매는 위 그림과 같이 진행됩니다. 맨 먼저 예스랭귀지 작성부터 시작하도록 하겠습니다.

예스랭귀지(#6109) 작성하기

프로그램 언어가 키움 수식관리자와 흡사해서 쉽게 배울 수 있습니다. 다양한 예제도 많고 제 채널에 들어오시면 강의도 많이 있습니다.

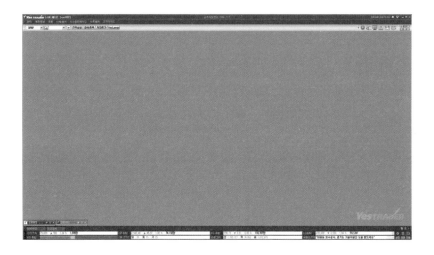

예스트레이더 메인화면입니다.

왼쪽 상단의 검색창에 6109를 입력하여 예스랭귀지 편집기로 갑니다.

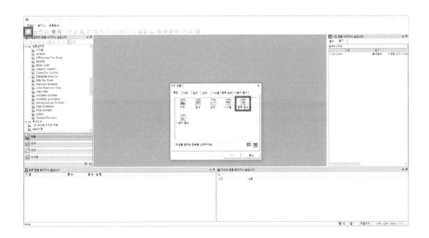

예스랭귀지 화면입니다. 좌측 상단 아이콘을 누르거나 (CTRL+N)을 누릅니다. 그러면 중앙 그림처럼 창이 뜹니다.

종목검색을 선택하여 클릭하고 확인을 누릅니다(더블클릭 해도 됩니다.).

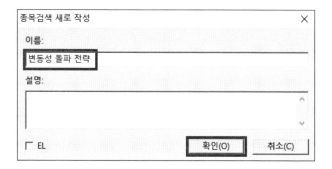

변동성 돌파 전략이라고 이름을 붙이고 확인을 누르시면 됩니다.

2장에서는 예스트레이더 자동매매 시스템 활용법을 가르쳐드리는 첫걸음으로서 '변동성 돌파 전략'을 소개하고자 합니다.

초보자들이 이해할 수 있는 가장 기초적인 매매법에 해당하며 '아~ 이렇게 자동 매매를 할 수 있구나' 정도만 이해하고 넘어가시면 됩니다.

3장에서 실전매매 때 사용할 수 있도록 변형된 전략을 알려드립니다.

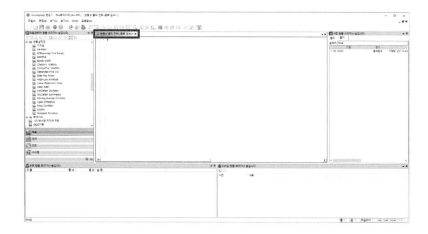

아무도 가르쳐주지 않는 주식 자동매매

변동성 돌파 전략이라고 이름이 생겼고 그 밑의 공간에 아래와 같이 코딩을 합니다.

```
var : A(0),A1(0);

A = DAYHIGH[1] - DAYLOW[1];
A1 = DAYOPEN()+A*0.5;

if CrossUp(C,A1) && V>V[1]*1.5 Then
    Find(1);
```

수식 복사를 위해서는 아래 링크로 가시면 됩니다.

https://daebakstocks.modoo.at/?link=dpv9zx0x&messageNo=1&mode=view

DAYHIGH[1]는 전일고가를 나타내는 함수입니다.

DAYLOW[1]는 전일저가를 나타내는 함수입니다.

DAYOPEN()은 당일시가를 나타내는 함수입니다.

전일고가에서 전일저가를 빼면 RANGE가 됩니다.

그 RANGE의 1/2을 당일시가에 더하고 그것을 돌파(CROSSUP)할 때 신호를 나타냅니다.

당일거래량(V)가 전일거래량(V[1])의 1.5배 이상 되는 조건도 함께 붙였습니다.

일단은 예스트레이더에서 자동매매를 하는 과정을 배우는 것이므로 코드의 자세

한 설명은 뒤에서 다루도록 하겠습니다.

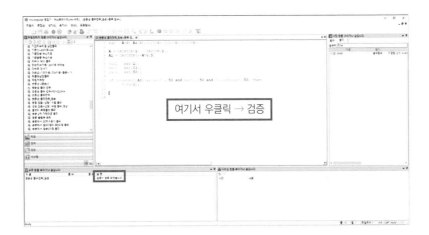

입력이 다 되었으면 우클릭을 누르고 맨 위 검증을 누르시거나 F4를 누르면 아래

와 같이 "검증이 완료되었습니다."가 뜨면 오류 없이 잘 입력된 것입니다.

아무도 가르쳐주지 않는 **주식 자동매매**

03

파워종목검색식(#3202) 작성하기

메인화면 왼쪽 상단의 검색창에 3202를 입력하고 엔터를 치면, "파워종목검색"이

뜹니다. 이것은 키움증권의 조건검색창과 유사합니다.

조건검색식을 작성해 보도록 하겠습니다.

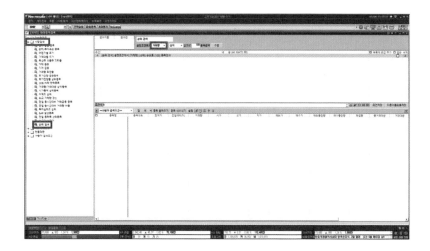

시장검색 앞에 있는 + 버튼을 눌러주면 아래로 하위리스트가 나타납니다.

맨 밑에 순위검색을 눌러줍니다. 그리고 오른쪽 화면에 "거래량" 상위 100으로 입

력하고 추가 버튼을 누릅니다.

또 한 번 순위검색을 누르고 이번에는 "거래대금"으로 선택하시고 순위 상위 100

을 추가하여 줍니다.

아무도 가르쳐주지 않는 주식 자동매매

A AND B를 범위로 지정하시고 오른쪽 ( )를 눌러주면 괄호로 묶입니다. AND를 더블클릭하시면 OR로 바뀝니다. 이는 앞에 키움증권 조건식과 같습니다.

거래량 순위 상위 100 또는 거래대금 상위 100의 조건 결과를 얻기 위한 것입니다. 이제 다음 조건으로 넘어가겠습니다.

왼쪽에서 "가격대별 주가"를 클릭하고 오른쪽 화면에서 가격대를 동전주를 제외하고 1,000원에서 유동성이 좋은 50,000원까지로 수정하여 줍니다. 그리고 추가버튼을 눌러줍니다.

그리고 다음으로 왼쪽에서 "전일 동시간대비 거래량 비율"을 클릭하고 오른쪽 화면에서 200% 이상 9,999,999% 이하를 입력해줍니다.

이제 마지막으로 아까 랭귀지에서 코딩해서 저장해놓았던 "변동성 돌파 전략"을 찾아서 추가해 보겠습니다.

기술적지표 앞에 있는 + 버튼을 눌러줍니다.

아무도 가르쳐주지 않는 주식 자동매매

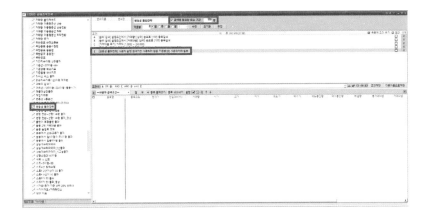

저는 저장되어있는 것이 많지만 여러분은 바로 찾으실 수 있을 겁니다.

왼쪽 변동성 돌파 전략을 찾아 클릭하고, 오른쪽 화면에서 "검색에 필요한 최소기간"에 체크하고 예스트레이더에서 권장하는 500봉으로 설정합니다.

그다음 추가 버튼을 눌러 추가해주시고 위와 같이 최소기간 500봉이 반영이 안되었으면 수정 버튼을 한 번 더 눌러줍니다.

A	[순위 검색] 설정조건에서 [거래량] [상위] 순으로 [100] 종목검색
B	[순위 검색] 설정조건에서 [거래대금] [상위] 순으로 [100] 종목검색
C	[가격대별 주가] 가격대 [1,000] ~ [50,000]
D	[전일 동시간대비 거래량 비율] 거래량비율 [200] % 이상 [9,999,999] % 이하
E	[변동성 돌파전략] 검색에 필요한 최소기간:[500] 봉 기준봉:[0] 사용데이터:일봉

이제 잘 반영이 되었습니다.

"검색" 버튼을 눌러서 검색된 결과를 확인해봅니다. 라온시큐어 한 종목이 검출된 것을 확인하실 수 있습니다.

다른 이름으로 저장을 눌러줍니다.

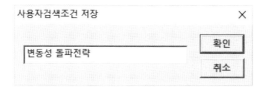

아무도 가르쳐주지 않는 주식 자동매매

"변동성 돌파전략"이라고 적고 확인을 누릅니다. 이 제목은 나중에 자동매매 프로그램 예스스팟에서 사용되는 중요한 제목입니다. 띄어쓰기까지 신경 써야 합니다. 변동성과 돌파전략 사이에 띄어쓰기 한 번이 있습니다. 이렇게 저장된 제목은 사용자 검색조건 안에 있습니다.

팁을 하나 드리면, '변동성 돌파전략'을 뺀 A부터 D까지는 기본 설정값에 해당합니다. 따라서 표준양식(기본양식)으로 위 4가지 조건검색식을 따로 저장해 두고, 새로운 조건검색을 작성할 경우, 저장된 표준양식을 불러오기 해서 마지막 조건만 추가한 뒤에 다시 다른이름으로 저장하면 새로운 전략이 생성되어 편리합니다. 영상에 설명이 다 되어 있으니 살펴보시기 바랍니다.

그리고 파워종목검색만으로 충분히 매매가 가능합니다. 검색을 누른 후 결과를 보고 따로 주문을 직접 넣으면 됩니다.

단, 급등주는 자동매수보다 느리겠죠. 단타에서는 늦기 때문에 사용 빈도가 없고, 중장기나 스윙에서는 충분히 사용할 수 있습니다.

이제 이 파워종목검색을 이용하여 자동매매를 설정하러 가보겠습니다.

04

예스스팟(#6132) 편집기

이제부터는 "예스스팟"이라는 기능을 이용해야 합니다.

예스트레이더 메인화면 검색창에 "7303"을 눌러줍니다.

예스스팟 사용동의서가 나옵니다. 확인을 눌러줍니다.

이제 예스트레이더 메인화면 왼쪽 검색창에 6132를 눌러서 예스스팟 편집기로 갑니다.

앞에서와 마찬가지로 좌측 상단 아이콘을 누르거나 (CTRL+N)을 누릅니다.

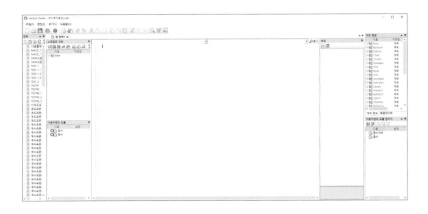

"새 전략1" 파일이 생깁니다.

빈 공란에 자바스크립트로 아래와 같이 코딩할 것입니다.

```
var timer5 = 2; //2초
var 매수금 = 100000;
var OrderList = [];
var MKList = [];
var req;

function Main_OnStart()
{
  //1번 타이머, 1초
    Main.SetTimer(1, timer5*1000);
 // 오늘 매수한 종목 관리 배열 초기화
  MKList = [];
}

function Main_OnTimer(nEventID)
{
    var d = new Date();
    YYYYMMDD = d.getFullYear()*10000+(d.getMonth()+1)*100+d.
getDate();
    HHMMSS = d.getHours()*10000+d.getMinutes()*100+d.
getSeconds();

  if (nEventID == 1 && HHMMSS > 090000 && HHMMSS < 151800)
  {
      //종목검색 수행
      Main.ReqPowerSearch("변동성 돌파전략")
  }

  if (nEventID == 2)
  {
      Main.ReqMarketData(OrderList[req]);
  }
```

아무도 가르쳐주지 않는 주식 자동매매

```
        }

function Main_OnRcvItemList(aItemList, nCount)
{
    Main.KillTimer(1);

    OrderList = [];
    if (nCount >= 1)
    {

        if (MKList.length == 0)
        {
            OrderList = aItemList;
        }
        else
        {
            for (var a = 0; a < nCount; a++)
            {
                var Add = true;
                for (var b = 0; b < MKList.length; b++)
                {
                    if (aItemList[a] == MKList[b].code)
                    {
                        Add = false;
                    }
                }
                if (Add == true && !IsStockInAccount(aItemList[a]))
                {
                    OrderList.push(aItemList[a]);
                }
            }
        }
```

```
        }

        if (OrderList.length == 0)
        {
            Main.SetTimer(1, timer5*1000);
        }
        else
        {
            req = 0;
            Main.ReqMarketData(OrderList[req]);
        }
}

function Main_OnRcvMarketData(MarketData)
{
    if (MarketData.code == OrderList[req])
    {
            MKList.push(MarketData);

        // 계좌에 같은 종목이 있는지 확인
        if (!IsStockInAccount(MarketData.code)) {
            // 계좌에 없는 경우에만 매수

        Account1.OrderBuy(MarketData.code,1,0,1);
        //Account1.OrderBuy(MarketData.code,Math.floor(매수금/
MarketData.Ask(1)),0,1);
        // Account1.OrderBuy(MarketData.code,Math.floor(매수금/
MarketData.Ask(1)),MarketData.Ask(1),0);
        //지정가로 주문하고자 하시면 주문함수 내용을 위와 같이 변경하시면 됩
니다.

            Main.MessageList(MarketData.code + " 주식을 매수합니다.");
```

```
    } else {
        Main.MessageList( MarketData.code + " 주식은 이미 계좌에 있으
므로 매수하지 않습니다.");
    }


                    req = req+1;
        if (req < OrderList.length)
        {
            var aa = Main.ReqMarketData(OrderList[req]);
            if (aa == -1)
            {
                Main.SetTimer(2, 15000);
            }
        }
        else
        {
            Main.SetTimer(1, timer5*1000);
        }
    }
}

function IsStockInAccount(stockCode) {
    // 계좌에 해당 종목이 있는지 확인하는 함수
    var numberOfBalances = Account1.GetTheNumberOfBalances();
    for (var i = 0; i < numberOfBalances; i++) {
        Account1.SetBalance(i);
        if (stockCode == Account1.Balance.code) {
            return true; // 계좌에 같은 종목이 있으면 true 반환
        }
    }
    return false; // 계좌에 같은 종목이 없으면 false 반환
}
```

```
1   var timer5 = 2;  //2초
2   var 매수율 = 100000;
3   var OrderList = [];
4   var MKList = [];
5   var req;
6
7   function Main_OnStart()
8   {
9       //.포 매수율, 1초
10          Main.SetTimer(1, timer5*1000);
11      // 모든 매수한 종목 금액 미결 초기화
12      MKList = [];
13  }
14
15  function Main_OnTimer(nEventID)
16  {
17          var d = new Date();
18          YYYYMMDD = d.getFullYear()*10000+(d.getMonth()+1)*100+d.getDate();
19          HHMMSS = d.getHours()*10000+d.getMinutes()*100+d.getSeconds();
20
21      if (nEventID == 1 && HHMMSS > 090000 && HHMMSS < 151800)
22      {
23              //종목검색 실행
24              Main.ReqPowerSearch("변동성 돌파전략")
25      }
26
27          if (nEventID == 2)
```

우클릭 → 검증

코딩하신 후 마우스 우클릭하시고 검증을 눌러서 "검증이 완료되었습니다."가 나오면 제대로 입력이 된 것입니다.

그다음 (CTRL+S)를 눌러 반드시 저장해줍니다. 예스랭귀지에서는 검증을 누르시면 저장이 자동으로 되었지만 예스스팟 편집기에서는 저장을 별도로 하셔야 합니다.

코딩 자료는 아래 링크에 있습니다.

https://daebakstocks.modoo.at/?link=dpv9zx0x&messageNo=2&mode=view&query=&queryType=0&myList=0&page=1

위 코드는 수익 및 손실은 수동으로 세팅되도록 한 것입니다. 일단 따라오시고 전체적인 흐름을 설명드린 후 뒷부분에 완전자동 코드도 설명드리겠습니다. 여러분들이 변경하실 부분을 설명드리겠습니다.

아무도 가르쳐주지 않는 주식 자동매매

❶ `var timer5 = 2; //2초`

2초마다 파워종목검색 버튼을 누른다고 생각하시면 됩니다. 1초로 하셔도 되지만 부하가 많이 걸릴 겁니다. 저는 1초로 하다가 2초로 사용하고 있습니다.

❷ `var 매수금 = 100000;`

종목당 매수하는 금액입니다. 예수금 100만 원이면 100만 원/현재가로 계산된 수량만큼 자동 주문이 나갑니다.

원하시는 금액으로 바꾸시면 됩니다. 초기에는 그러니까 적어도 한 달 이상은 아래 4번에서 말씀드리는 것처럼 매수금으로 투자하지 마시고 1주씩 매수하는 것으로 여러 번 연습하셔야 합니다. 어느 정도 적응이 되면 5만 원 또는 10만 원으로 연습하시면 됩니다.

❸ `//종목검색 수행`
   `Main.ReqPowerSearch("변동성 돌파전략")`

제일 중요하고 에러가 가장 많이 나는 코드입니다.

"변동성 돌파전략" 따옴표 안에 변동성 돌파전략이라는 단어는 앞에서 작성한 파워종목검색 제목하고 띄어쓰기를 포함하여 정확하게 일치해야 합니다.

변동성과 돌파전략 사이에 띄어쓰기 한 번이 있었다고 앞에서 언급했습니다. 이 코드로 파워종목검색을 자동으로 실행하는 것입니다.

❹ 주문방식

Account1.OrderBuy(MarketData.code,1,0,1);

1주를 시장가 주문하는 코드입니다. 처음에는 이 코드를 활성화해서 사용하시는 것이 좋습니다. 아래 코드들은 주석처리(//)해 두었습니다.

```
Account1.OrderBuy(MarketData.code,1,0,1);
//Account1.OrderBuy(MarketData.code,Math.floor(매수금/MarketData.Ask(1)),0,1);
// Account1.OrderBuy(MarketData.code,Math.floor(매수금/MarketData.
Ask(1)),MarketData.Ask(1),0);
```

Account1.OrderBuy(MarketData.code,Math.floor(매수금/MarketData.Ask(1)),0,1);

이 코드는 종목당 매수금 10만 원으로 시장가로 주문하는 코드입니다.

이 코드를 활성화하려면 1주 시장가 코드를 주석처리 하고 아래와 같이 이 코드의 //를 빼시면 됩니다.

```
//Account1.OrderBuy(MarketData.code,1,0,1);
Account1.OrderBuy(MarketData.code,Math.floor(매수금/MarketData.Ask(1)),0,1);
// Account1.OrderBuy(MarketData.code,Math.floor(매수금/MarketData.
Ask(1)),MarketData.Ask(1),0);
```

아무도 가르쳐주지 않는 **주식 자동매매**

Account1.OrderBuy(MarketData.code,Math.floor(매수금/

MarketData.Ask(1)),MarketData.Ask(1),0);

이 코드는 잘 사용되지는 않지만, 지정가로 주문하고자 할 때 사용합니다. Ask(1)
은 현재가보다 +1호가 높은 가격을 선택합니다. 현재가보다 낮은 가격은 체결이
안 될 확률이 높기 때문입니다.

```
//Account1.OrderBuy(MarketData.code,1,0,1);

//Account1.OrderBuy(MarketData.code,Math.floor(매수금/MarketData.Ask(1)),0,1);

Account1.OrderBuy(MarketData.code,Math.floor(매수금/MarketData.
Ask(1)),MarketData.Ask(1),0);
```

이 정도만 독자님들께서 수정하여 사용하실 수 있습니다.

제 유튜브 채널에 들어오시면 보다 더 자세한 정보를 찾을 수 있습니다.

다음은 계좌가 연동되어야 자동매매가 수행됩니다.

'스크립트 객체'에서 노란색 동전모양의 계좌 객체 추가를 눌러줍니다.

밑에 ACCOUNT1을 클릭합니다.

오른쪽 속성 창에서 ▼ 화살표를 눌러서 본인의 계좌번호를 선택합니다.

마지막으로 왼쪽 상단의 저장을 누르시거나 CTRL+S를 눌러줍니다.

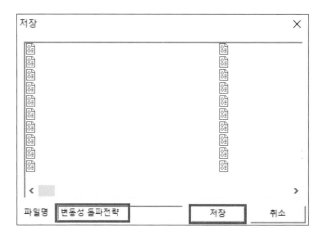

이제 예스스팟 편집기까지 완료했습니다.

예스스팟(#6131) 자동매매

메인화면 좌측 검색창에 6131을 눌러줍니다.

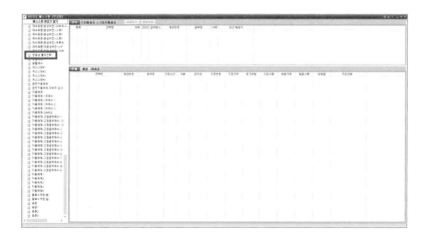

예스스팟 6131 창입니다.

저는 LIST가 많이 있지만 여러분은 조금 전에 저장했던 "변동성 돌파전략"을 선택

하시고 더블클릭을 합니다.

어차피 처음에는 1주씩 자동매매를 할 것이므로 실전 "자동주문"을 선택했습니다. 모의매매를 하실 분은 "시험적용"으로 테스트하면 됩니다.

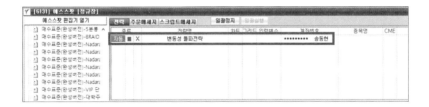

■ 빨간색 네모는 자동매매가 실행되고 있다는 표시입니다. 중지하려면 네모를 누릅니다. 그러면 ▶로 바뀝니다.

장 시작 전 로그인하시면 자동으로 ■ 자동매매가 실행됩니다. 주의하시기 바랍니다.

자동매매가 처음이라면 평일 오전 9시에 장이 시작되자마자 매수가 주르륵 체결되어 당황하실 수 있습니다. 장 시작 전 5분 전에는 들어오셔서 빨간색 네모와 몇 가지 설정들을 점검하시기 바랍니다.

HTS를 이용 중인 상황에서 예스트레이더에 연계된 증권사의 모바일 등으로 접속할 경우 예스트레이더가 이중 접속 문제로 작동되지 않을 수도 있습니다.

모바일과 함께 PC HTS를 사용하시려면 7503을 왼쪽 상단 돋보기 검색창에 치시거나 예스트레이더 상단 오른쪽 고객가이드 아랫부분 7503 다중접속 서비스 신청/해지에 들어가서 다중접속 신청에 동의해두면 이런 일을 사전에 방지할 수 있습니다.

자, 이제 자동매매가 시작되었습니다.

이제 자동매매를 보충해줄 화면 세팅을 해보도록 하겠습니다. 아래 그림을 보시고 웬만하면 똑같은 모양으로 배치하시기 바랍니다. 좌우측 끝부분이 잘리면 실전 매매에서 허둥댈 수 있습니다.

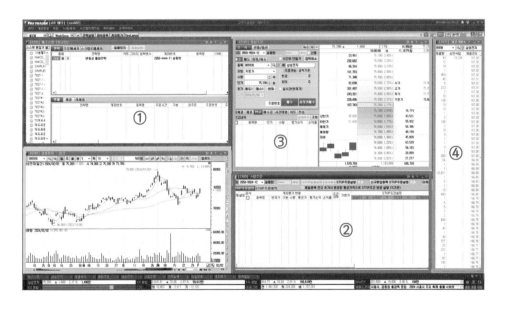

#6131   예스스팟(빨간색 테두리)은 좌측 상단에 배치합니다.

#6101 차트(파란색 테두리)는 좌측 하단에

#2101 통합주문(초록색 테두리)은 중앙 상단에

#2103 스탑주문(보라색 테두리)은 중앙 하단에

#3111 체결추이(오렌지 테두리)는 우측 전체로 길게 배치합니다.

계좌를 확인하고 싶다면 아래 화면을 살펴보시기 바랍니다.

#1140 당일매매일지

#1103 계좌평가

위 다섯 개 화면을 연동하는 방법입니다. 다시 말해, 자동 매수한 종목을 클릭했을 때 각 창들 간에 그 종목이 연동되어 보이게 설정하는 것입니다.

상단 메뉴에서 '관리'를 눌러줍니다.

아무도 가르쳐주지 않는 주식 자동매매

종합환경설정의 화면구성을 눌러줍니다.

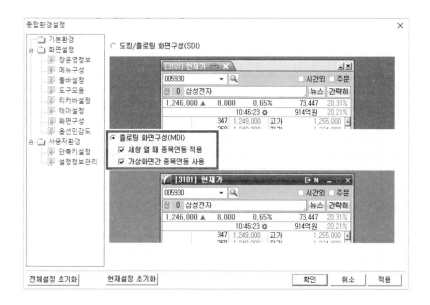

'플로팅 화면구성'으로 변경합니다.

각 창의 상단 오른쪽을 보면 A라는 아이콘이 있습니다. 없으면 눌러서 A로 바꿔

주시면 됩니다. 이것은 종목연동 설정/해제를 할 수 있는 기능입니다. 모든 창을 똑같이 A면 전부 A로 통일하시고, 1이면 전부 1로 통일하셔야 합니다.

다음은 3202 파워종목검색으로 갑니다.

아무도 가르쳐주지 않는 주식 자동매매

업종을 선택하시고 그림과 같이 KP종합과 KQ종합에 체크합니다. 코스피와 코스 닥 종합을 선택한 것입니다.

기타 탭을 선택하시고 보통주만 선택합니다. 제외와 범위적용을 그림과 같이 체크 하시면 됩니다.

이제 가장 중요한 자동 매도 세팅인 중앙 하단에 있는 2103 스탑주문을 설정하도 록 해보겠습니다.

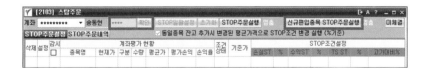

비밀번호를 먼저 넣고 확인을 눌러줍니다. "신규편입종목 STOP주문실행"을 눌러
줍니다.

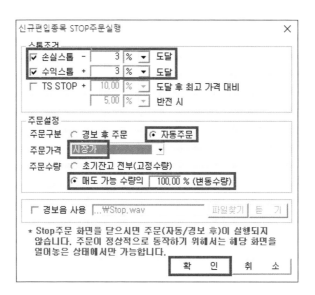

손실과 수익스톱은 3%로 했습니다.

아래 자동주문을 선택하시고 "시장가"로 선택합니다.

매도 가능 수량은 100%로 하고 확인을 누릅니다.

이 조건들은 독자분들의 취향에 맞게 설정하시면 됩니다.

자동매매에서 종목이 체결되면 바로 이 조건을 손실과 수익 설정이 세팅되고 자동
으로 조건이 만족하면 주문이 나갑니다.

조건이 만족되지 않으면 다음날로 넘길 수가 있어서 저는 이 설정을 선호합니다.

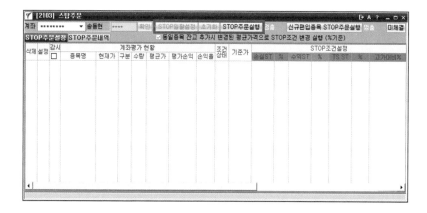

STOP일괄설정은 종목이 1개 이상 있으면 활성화됩니다. 만약 전날에 매도 조건
에 충족되지 못해 팔지 못한 경우 다음날에도 2103 창에 종목이 보이는데, 이때
STOP주문실행을 클릭하면 옆에 빨간색으로 '감시중'이라고 표시되면 자동매매가
적용된 것입니다.

정리하면, 미처 청산되지 못한 종목이 있을 때는 신규편입종목STOP주문실행의
'감시중'과 함께 STOP주문실행에도 '감시중'으로 해두어야 합니다.

조건은 신규편입종목과 똑같이 설정하면 되고, 설정 후 전체 종목을 체크하고
STOP주문실행을 누르면 됩니다.

종목이 1개라도 없는 경우에는 장 시작 전 신규편입종목STOP주문실행만을 눌러
놓으시면 됩니다. STOP주문내역에는 매매한 내역이 나옵니다.

　　많은 경험으로부터 운용의 묘가 나옵니다만, 시행착오를 조금이라
도 줄이고 자동매매를 120% 더 잘 활용하는 몇 가지 노하우를 알려드
리겠습니다.

먼저, 현재 코딩에는 장 마감 전까지 자동매매가 운용되도록 설정해 두었습니다만, 단기투자의 경우에는 오전으로 국한해두는 편이 좋습니다. 저의 회원 중 한 분은 처음에 15시까지 자동매매를 적용해서 당일 수익보다 손실을 더 많이 보기도 했습니다. 10시 이후에는 변동성이 약해져서 수익률에 큰 도움이 되지 않습니다.

자동매매는 웬만해선 장 시작 때 켜두고 오전 10시나 11시까지만 운영하고 그 시간 이후에는 자동매매를 중단하는 걸 고려해보시기 바랍니다.

만약 단타를 하신다면 일봉을 보고 매매하실 경우 6101 차트 화면에서 일봉 기준 5일 이동평균선이 지지되는지 확인하는 일이 중요합니다.

분봉으로 매매할 때는 15분봉 기준으로 5일 이동평균선이 깨지면 일단 매도 후 관망하시는 것이 좋습니다.

6132 예스스팟 편집기에 들어가서 해당 전략을 클릭하면 오른쪽 창에 코딩이 뜹니다. 21번째 줄에 if (nEventID == 1 && HHMMSS > 090000 && HHMMSS < 151800)이 보입니다. 여기서 마지막 151800을 10시까지로 하고 싶다면 100000으로, 11시까지로 하고 싶다면 110000으로 수정한 뒤 검증하고 저장하면 그 시각까지만 자동매매하게 됩니다.

자동매매가 실행되고 있다고 하더라도 처음 설정한 수익 값인 +3%보다 커질 거로 예상된다면 2103 화면에서 신규편입종목STOP주문실행이나 STOP주문실행을 끄고 위에 2101 화면에서 수동으로 매매하시면 됩니다. 체결속도의 움직임이 느려진다고 느끼시면 −3%를 기다릴 것도 없이 매도해버리는 게 수익을 극대화하는 데 도움이 될 수 있습니다.

그럼 손실을 최소화하고 수익을 극대화하는 방법이 있을까요? 위에 소개한 다섯 가지 화면에 나름의 해법이 있습니다. 고수들도 활용하는 노하우이니 적용해보시기 바랍니다.

먼저, 2101 화면에서 오른쪽 매도 매수 호가창으로 봐주시기 바랍니다. 맨 아래에 매도와 매수 총량이 있습니다. 주가가 오를 때는 매도 총량이 2배 이상 많다는 점입니다. 세력들이 팔 물량을 높은 가격에 쌓아두기 때문에 발생하는 현상입니다.

3111 체결추이는 그냥 열어둔 게 아닙니다. 체결추이 색깔과 속도를 봅니다. 빨간색과 파란색이 번갈아 가면서 빠르게 움직이는데 빨간색이 많이 빠르게 움직인다면 주가가 오르는 신호입니다.

이 세 가지 정도만 파악하고 있어도 큰 도움이 될 겁니다. 매매 노하우는 경험의 영역이므로 꾸준히 연습한 만큼 수익을 볼 수 있습니다.

아래는 하루 안에 매수한 모든 종목을 정리하는 완전자동매매 코드입니다.

하루 단타를 하시는 분들이 사용하면 되지만, 저는 이 코드는 추천드리지 않습니다.

주식이라는 것이 하루 만에 수익을 볼 수 있다면 정말 좋겠으나, 세력들이 그렇게 호락호락하지 않습니다. 팔고 나면 급등하는 경우가 그런 예입니다. 따라서 다음날로 넘길 수 있는 앞의 방식을 추천드립니다.

그래도 필요하신 분들은 다음 코드를 사용하시기 바랍니다.

```
var timer5 = 2; // 2초
var 매수금 = 100000;
var 손절  = 0.95;
var 익절  = 1.05;
var OrderList = [];
var MKList = [];
var req;

function Main_OnStart()
{
  //1번 타이머, 2초
    Main.SetTimer(1, timer5*1000);
 // 오늘 매수한 종목 관리 배열 초기화
  MKList = [];
 //스팟 시작시 잔고평가금액
  V1 = Account1.GetBalanceETCinfo(100);
}


function Main_OnTimer(nEventID)
{
    var d = new Date();
    YYYYMMDD = d.getFullYear()*10000+(d.getMonth()+1)*100+d.
getDate();
    HHMMSS = d.getHours()*10000+d.getMinutes()*100+d.
getSeconds();

  if (nEventID == 1 && HHMMSS >= 090005 && HHMMSS < 151500)
  {
      //종목검색 수행
      Main.ReqPowerSearch("변동성 돌파전략")
  }
```

```
if (nEventID == 1)
{
    //계좌보유종수
    var num = Account1.GetTheNumberOfBalances();

    //9시~15시 15분 사이
    if (HHMMSS >= 090000 && HHMMSS < 151500)
    {
        //보유종목이 1개 이상
        if (num >= 1)
        {
            //계좌평가금액이 스팟시작시 평가금액대비 5% 이상이면
전종목 전량매도
            if (Account1.GetBalanceETCinfo(100) >= V1*익절)
            {
                //1번 타이머 종료
                Main.KillTimer(1);

                //계좌리스트의 순서대로
                for (var i = 0; i < num; i++)
                {
                //잔고를 셋팅
                    Account1.SetBalance(i);
                //수량이 있고 5%수익이거나 5% 손실이면 시장가 매도
                    if (Account1.Balance.count > 0)
                    {
                        Account1.OrderSell(Account1.Balance.
code,Account1.Balance.count,0,1);
                    }
                }
            }
```

```
                    else //아니면 개별종목 5%익절, -5%손절 체크
                    {
                            //계좌리스트의 순서대로
                            for (var i = 0; i < num; i++)
                            {
                            //잔고를 셋팅
                                    Account1.SetBalance(i);
                            //수량이 있고 5%수익이거나 5% 손실이면 시장가 매도
                                    if (Account1.Balance.count > 0 &&
                                            (Account1.Balance.current >= Account1.
Balance.avgUnitCost*익절 ||
                                                    Account1.Balance.current <=
Account1.Balance.avgUnitCost*손절))
                                    {
                                            Account1.OrderSell(Account1.Balance.
code,Account1.Balance.count,0,1);
                                    }
                            }
                    }
            }
            //15시 15분이후이면
            if (HHMMSS >= 151500)
            {
                    //1번 타이머 종료
                    Main.KillTimer(1);
                    //계좌리스트의 순서대로
                    for (var i = 0; i < num; i++)
                    {
                            //잔고를 셋팅
                            Account1.SetBalance(i);
                            //수량이 있고 5%수익이거나 5% 손실이면 시장가 매도
```

아무도 가르쳐주지 않는 주식 자동매매

```
                    if (Account1.Balance.count > 0)
                    {
                            Account1.OrderSell(Account1.Balance.
code,Account1.Balance.count,0,1);
                    }
                }
            }
        }

        if (nEventID == 2)
        {
            Main.ReqMarketData(OrderList[req]);
        }
}

function Main_OnRcvItemList(aItemList, nCount)
{
        Main.KillTimer(1);

        OrderList = [];
        if (nCount >= 1)
        {

            if (MKList.length == 0)
            {
                OrderList = aItemList;
            }
            else
            {
                for (var a = 0; a < nCount; a++)
                {
                        var Add = true;
```

```
                    for (var b = 0; b < MKList.length; b++)
                    {
                            if (aItemList[a] == MKList[b].code)
                            {
                                    Add = false;
                            }
                    }
                    if (Add == true && !IsStockInAccount(aItemList[a]))
                    {
                            OrderList.push(aItemList[a]);
                    }
                }
            }
        }

        if (OrderList.length == 0)
        {
            Main.SetTimer(1, timer5*1000);
        }
        else
        {
            req = 0;
            Main.ReqMarketData(OrderList[req]);
        }
    }

    function Main_OnRcvMarketData(MarketData)
    {
        if (MarketData.code == OrderList[req])
        {
            MKList.push(MarketData);
```

```
        // 계좌에 같은 종목이 있는지 확인
        if (!IsStockInAccount(MarketData.code)) {
            // 계좌에 없는 경우에만 매수

    Account1.OrderBuy(MarketData.code,1,0,1);
    //Account1.OrderBuy(MarketData.code,Math.floor(매수금/MarketData.
Ask(1)),0,1);
    //Account1.OrderBuy(MarketData.code,Math.floor(매수금/MarketData.
Ask(1)),MarketData.Ask(1),0);
    //지정가로 주문하고자 하시면 주문함수 내용을 위와 같이 변경하시면 됩니다.

        Main.MessageList(MarketData.code + " 주식을 매수합니다.");
        } else {
        Main.MessageList( MarketData.code + " 주식은 이미 계좌에 있으므
로 매수하지 않습니다.");
        }

                        req = req+1;
            if (req < OrderList.length)
            {
                var aa = Main.ReqMarketData(OrderList[req]);
                if (aa == -1)
                {
                    Main.SetTimer(2, 15000);
                }
            }
            else
            {
                Main.SetTimer(1, timer5*1000);
            }
        }
    }
}
```

```
function IsStockInAccount(stockCode) {
  // 계좌에 해당 종목이 있는지 확인하는 함수
  var numberOfBalances = Account1.GetTheNumberOfBalances();
  for (var i = 0; i < numberOfBalances; i++) {
    Account1.SetBalance(i);
    if (stockCode == Account1.Balance.code) {
      return true; // 계좌에 같은 종목이 있으면 true 반환
    }
  }
  return false; // 계좌에 같은 종목이 없으면 false 반환
}
```

코딩 자료는 아래 링크에 있습니다.

https://daebakstocks.modoo.at/?link=dpv9zx0x&messageNo=
3&mode=view&query=&queryType=0&myList=0&page=1

❶ **var timer5 = 2; //2초**

2초마다 파워종목검색 버튼을 누른다고 생각하시면 됩니다.

1초로 하셔도 되지만 부하가 많이 걸리실 겁니다.

저는 1초로 하다가 2초로 사용하고 있습니다.

아무도 가르쳐주지 않는 주식 자동매매

❷ var 매수금 = 100000;

종목당 매수하는 금액입니다. 원하시는 금액으로 바꾸시면 됩니다.

초기에는 1주씩 매수하는 것으로 여러 번 연습을 하셔야 합니다.

어느 정도 적응이 되면 5만 원 또는 10만 원으로 연습하시면 됩니다.

❸ //종목검색 수행

   Main.ReqPowerSearch("변동성 돌파전략")

제일 중요하고 에러가 가장 많이 나는 코드입니다.

"변동성 돌파전략" 따옴표 안에 변동성 돌파전략이라는 단어는 파워종목검색 제목하고 띄어쓰기를 포함하여 정확하게 일치해야 합니다.

변동성과 돌파전략 사이에 띄어쓰기 한 번이 있었다고 앞에서 언급했습니다. 이 코드로 파워종목검색을 자동으로 실행하는 것입니다.

❹ var 손절 = 0.95;

   var 익절 = 1.05;

코드에 손절과 익절이 포함되어 있어서 앞에서 했던 스탑주문이 필요가 없습니다.

이 코드에서 5% 수익/-5% 손절로 세팅이 되어있습니다.

3%로 바꾸시려면 아래 손절 0.95를 0.97로 익절 1.05를 1.03으로 바꾸시면 됩니다.

❺ //15시 15분이후이면

if (HHMMSS)= 151500)

15시 15분이 지나면 전량 매도하는 코드입니다. 시간은 원하시는 시간으로 바꾸시면 됩니다.

❻ //계좌평가금액이 스팟시작시 평가금액대비 5% 이상이면 전종목 전량매도

if (Account1.GetBalanceETCinfo(100))= V1*익절)

총 계좌평가금액이 5% 이상이 되면 매도하는 코드입니다.

다음날로 넘기는 것이 없기 때문에 스윙용으로 사용이 되지 않고 하루 안에 모든 포지션을 정리하는 매매법입니다.

다시 한번 말씀드리지만, 저는 개인적으로 앞의 매매 방식을 추천합니다. 다음 날로 넘길 수도 있고 본인이 선택하여 의사결정을 내릴 수 있기 때문입니다.

예스스탁 → 예스스팟 Q&A 게시판에 가면 예스스팟의 다양한 코드 예제가 있습니다.

이렇게 예스트레이더를 이용한 자동매매를 살펴보았습니다.

대박주식연구소

https://www.youtube.com/@songtong

대박차트연구소

https://www.youtube.com/@songtongChart

네이버 카페

https://cafe.naver.com/daebakstocks

네이버 블로그

https://blog.naver.com/songtong

쉿! 나만 알고 싶은
자동매매 검색식
_ 세계 거장의 매매법

책에는 한 가지 전략씩 소개하고 있으나, 여기서 그치는 게 아니라 얼마든지 조합해서 확장할수 있다는 점을 기억하기 바랍니다. 가령, 변동성 돌파전략과 4장에서 소개할 웨이브트렌드 등을 조합해서 쓸 수 있다는 겁니다. 또한 각 전략도 예스랭귀지에서 얼마든지 매수 타점에 필요한 디테일한 조건으로 변경할 수 있습니다. 책에 소개된 매매 전략이 고정된 것이 아니라는 점이 핵심입니다. 다양하게 수정하고 조합해보면서 본인의 매매방식에 맞는 유연하고 탄력적인 전략의 조합을 만들어내는 것이 중요합니다.

01

래리 윌리암스 - 변동성 돌파전략

1966년 "윌리엄스 %R"이라는 지표를 개발하였습니다. 이 지표는 오늘날에도 오실레이터 계열 중 가장 많이 사용됩니다.

1987년 "로빈스 선물투자대회"에서 사상 최고의 성적으로 우승하였습니다. 1997년 래리의 딸 미쉘 윌리엄스가 래리로부터 배운 매매기법으로 같은 대회에서 1,000% 수익률로 우승을 차지하였습니다.

변동성 돌파전략으로 유명한 래리 윌리엄스(선물의 제왕)

그가 주로 사용한 전략인 변동성 돌파 전략의 원리는 아주 심플합니다. 변동성이 터지는 시점에 진입하고 수익이 나든 손실이 나든 다음 날 시가 청산하는 기법입니다(앞장에서 했던 예스트레이더 랭귀지에서 사용한 코드입니다.).

1만 달러의 계좌를 12개월 만에 110만 달러로 만들면서 우승하였습니다. 미쉘 윌리엄스는 영화 <메릴린 먼로와 함께한 일주일>에서 먼로 역할을 했던 배우였습니다.

대박주식연구소 강의 영상

변동성 돌파 전략

https://youtu.be/BfBmywLoYbo

대박주식연구소 강의 영상

변동성 돌파 전략 자동매매 조건검색식 구현

https://youtu.be/EWu24kzlG0Y

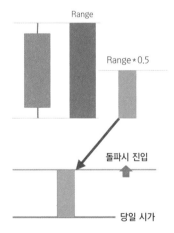

변동성 돌파전략의 핵심적인 내용은 아래와 같습니다. 위 그림과 같이 전일 변동

아무도 가르쳐주지 않는 주식 자동매매

성 부분의 0.5(K)만큼을 당일 시가에 더한 값을 돌파하는 종목을 검색하고자 하는 것입니다.

❶ 오늘 주가가 돌파 값을 넘으면 매수

❷ 돌파 값 = 오늘 시가 + (전일 고가 – 전일 저가) × k

❸ 다음날 장이 시작하면 모두 매도

*k 값은 0.4~0.6

키움증권 수식관리자에서 지표로 만들어 보겠습니다.

본격적으로 들어가기에 앞서 초보자들이 혼동하기 쉬운 단어들을 짚어보도록 하겠습니다.

키움증권에서는 "수식관리자"와 "조건검색식"이 있습니다.

	수식관리자	조건검색식
기능	나만의 지표 및 신호를 만들 수 있는 기능(신호 출현 시 알림 가능)	특정 조건을 만족하는 종목을 검색하는 기능
장점	다양한 전략 개발 가능 전문성이 필요하지만, 더 자유로운 분석 가능	간편하고 빠르게 검색 가능 기본 조건 검색 제공 초보자도 쉽게 사용 가능
단점	코딩 지식 필요/코딩의 오류 가능성 높음	기본 제공 조건식이 아니면 종목검색을 할 수 없음

즉, 수식관리자는 나만의 지표와 신호를 다양하게 만드는 기능이고 앞에서 배운 예스트레이더와 코드가 비슷합니다. 기본적 코딩지식만 있으면 원하는 지표와 신호를 자유롭게 생성할 수 있습니다.

반면, 조건검색식은 내가 원하는 특정 조건을 만족하는 종목을 검색하는 기능입니다. 그러나 키움증권에서 기본적으로 제공하는 검색조건은 너무 한정적이라 그 범위를 벗어나서 다양하고 자유로운 검색조건을 만들어낼 수가 없고, 수식관리자로 만든 나만의 지표나 신호를 조건검색식으로 자유롭게 만들 수 없는 치명적 단점이 있습니다.

이러한 치명적 단점을 보완하기 위해 예스트레이더를 함께 다루는 것입니다. 결국에는 예스트레이더만이 진정한 자유도를 가진 자동매매에 가장 근접하다고 할 수 있습니다.

❶ 키움증권 수식관리자 기술적 지표 생성

아래 그림은 변동성 돌파전략을 키움증권 차트에 표시한 것입니다.

변동성 돌파전략을 파란 LINE으로 표시하였고, 이 선을 돌파하면 초록 화살표가 뜨도록 한 것입니다.

우선 먼저 파란 LINE을 만들어 보겠습니다. 키움증권 좌측 상단의 검색창에 0600을 입력하고 엔터를 칩니다.

이런 0600 키움 종합 차트 화면이 나옵니다.

차트 화면에서 마우스 우클릭을 합니다.

수식관리자를 선택합니다.

아무도 가르쳐주지 않는 주식 자동매매

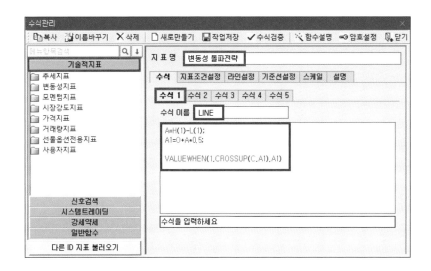

기술적지표를 선택하고 새로만들기를 눌러줍니다. 지표명에 "변동성 돌파전략"이라고 적습니다. 수식1에 수식 이름을 LINE이라고 적고 그 아래 공란에 아래 수식을 넣어줍니다.

```
A=H(1)-L(1);
A1=O+A*0.5;
VALUEWHEN(1,CROSSUP(C,A1),A1)
```

H(1)과 PREDAYHIGH()는 전일고가를 나타내는 함수입니다.

L(1)과 PREDAYLOW()는 전일저가를 나타내는 함수입니다.

O와 DAYOPEN()은 당일 시가를 나타내는 함수입니다.

전일고가에서 전일저가를 빼면 RANGE가 됩니다.

VALUEWHEN 함수는 RANGE의 반을 당일시가에 더하고 그 라인을 돌파 (CROSSUP)할 때 A1을 선으로 그리는 것입니다.

위 수식은 일봉에서 적용하는 수식입니다. 분봉 일봉에서 동시에 사용하려면 아래와 같이 변경하시면 됩니다.

A=PREDAYHIGH()-PREDAYLOW();
A1=DAYOPEN()+A*0.5;
VALUEWHEN(1,CROSSUP(C,A1),A1)

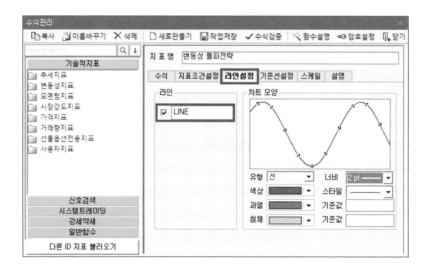

라인설정으로 가서 LINE에 체크를 합니다.

유형은 선으로 선택하고 색상은 파란색, 너비는 2포인트를 선택합니다.

아무도 가르쳐주지 않는 주식 자동매매

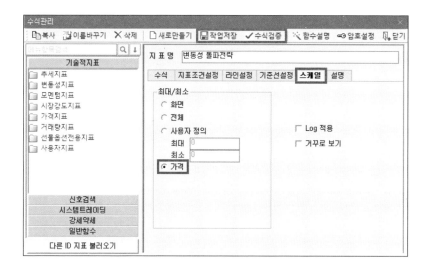

스케일로 가서 가격을 선택합니다. 그런 다음 수식검증 → 작업저장을 합니다.

이제 저장된 변동성 돌파전략 LINE을 불러내 보겠습니다.

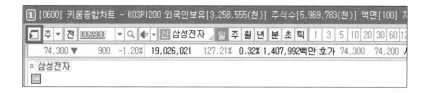

좌측 상단의 좌측 메뉴 보이기/감추기 버튼을 눌러줍니다.

기술적지표를 선택하고 "사용자지표" 안에 조금 전 저장한 변동성 돌파전략을 클릭합니다. 그러면 우측 차트화면에 화살표와 같은 변동성 LINE이 생겼습니다.

이제 이 LINE을 돌파할 때 화살표 표시를 해보도록 하겠습니다.

아무도 가르쳐주지 않는 주식 자동매매

❷ 키움증권 수식관리자 신호검색 생성

차트 화면에서 마우스 우클릭을 합니다.

수식관리자를 선택합니다.

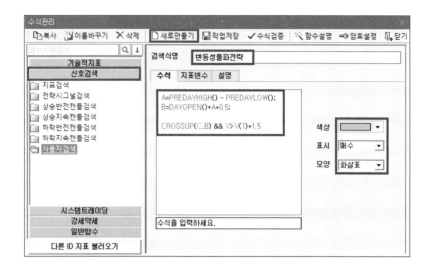

화살표는 기술적지표 밑에 있는 신호검색으로 선택합니다. 신호검색을 누르고 "새로만들기"를 눌러줍니다.

검색식명은 "변동성 돌파전략"이라 적어줍니다. 수식 아래 공란에 아래의 수식을 넣어줍니다.

A=PREDAYHIGH() - PREDAYLOW();

B=DAYOPEN()+A*0.5;

CROSSUP(C,B) && V>V(1)*1.5

PREDAYHIGH()는 전일고가를 나타내는 함수입니다.

PREDAYLOW()는 전일저가를 나타내는 함수입니다.

DAYOPEN()은 당일 시가를 나타내는 함수입니다.

전일고가에서 전일저가를 빼면 RANGE가 됩니다.

그 RANGE의 반을 당일시가에 더하고 그것을 돌파(CROSSUP)할 때 신호를 나타 냅니다. 당일거래량(V)가 전일거래량(V(1))의 1.5배 이상 되는 조건도 함께 붙였습 니다.

종가가 앞에서 그렸던 LINE을 돌파하면서 전봉대비 1.5배의 거래량이 나오면 화살 표 신호가 발생하는 수식입니다.

그리고 우측의 색상, 매수, 하살표를 선택하면 됩니다. 그러 다음 수식검증과 작업 저장을 눌러줍니다.

이제 저장된 변동성 돌파전략 화살표를 불러내 보겠습니다.

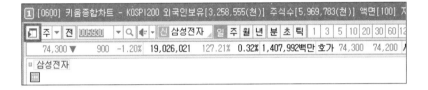

좌측 상단의 좌측메뉴 보이기/감추기 버튼을 눌러줍니다.

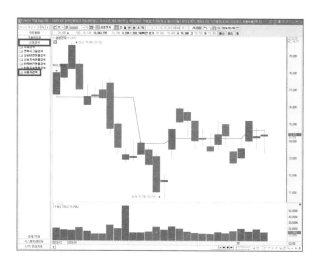

신호검색 → 사용자검색을 누르시고 방금 저장했던 "변동성 돌파전략"을 찾아 한 번 클릭하면 화살표 한 개가 적용됩니다.

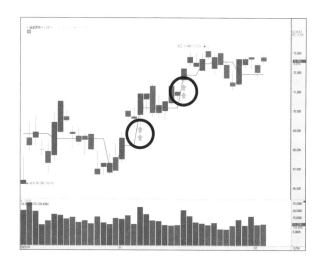

위 그림과 같이 화살표를 두 개 이상 사용하려면 차트 화면 상단의 톱니바퀴(차트 설정)를 눌러줍니다.

아무도 가르쳐주지 않는 주식 자동매매

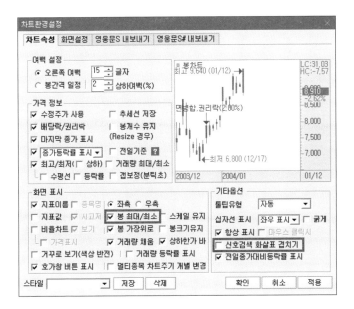

우측 하단의 신호검색 화살표 겹치기의 체크를 풀어주셔야 합니다. 그리고 봉 최대/최소에 반드시 체크해 놓으시기 바랍니다.

나중에 수식이 복잡해지면 초보자들이 수식관리자에서 가장 에러가 많이 나는 곳입니다.

키움증권의 수식관리자를 이용하여 변동성 돌파전략 LINE과 화살표를 만들어 보았습니다.

예스트레이더 검색식은 앞의 자동매매 파트에서 다루었지만 다시 한번 설명하겠습니다.

❸ 예스트레이더 6109 예스랭귀지 작성

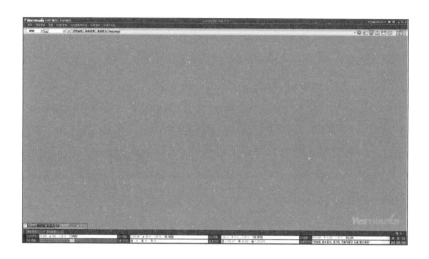

예스트레이더 메인화면입니다.

왼쪽 상단의 검색창에 6109를 입력하여 예스랭귀지 편집기로 갑니다.

아무도 가르쳐주지 않는 주식 자동매매

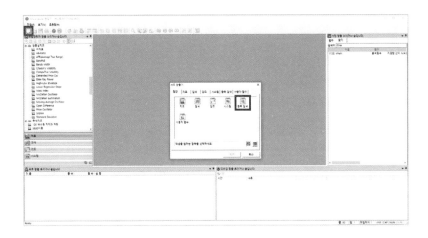

예스랭귀지 화면입니다.

좌측 상단 아이콘을 누르거나 (CTRL+N)을 누릅니다. 그러면 중앙 그림처럼 창이

뜹니다.

종목검색을 선택하여 클릭하고 확인을 누릅니다(더블클릭 해도 됩니다.).

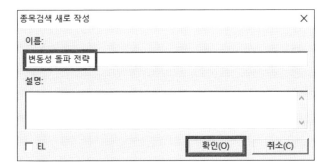

변동성 돌파 전략이라고 이름을 붙이고 확인을 누르시면 됩니다.

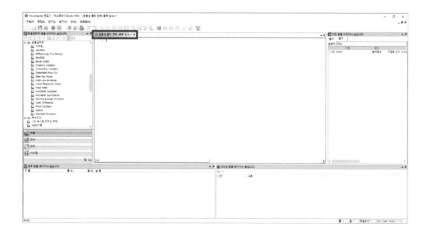

변동성 돌파 전략이라고 이름이 생겼고 그 밑의 공간에 아래와 코딩을 합니다.

```
var : A(0),A1(0);

A = DAYHIGH[1] - DAYLOW[1];
A1 = DAYOPEN()+A*0.5;

if CrossUp(C,A1) && V>V[1]*1.5 Then
    Find(1);
```

수식 복사를 위해서는 아래 링크로 가시면 됩니다.

https://daebakstocks.modoo.at/?link=dpv9zx0x&messageNo=
1&mode=view

아무도 가르쳐주지 않는 주식 자동매매

DAYHIGH[1] 는 전일고가를 나타내는 함수입니다.

DAYLOW[1] 는 전일저가를 나타내는 함수입니다.

DAYOPEN()은 당일 시가를 나타내는 함수입니다.

전일고가에서 전일저가를 빼면 RANGE가 됩니다.

그 RANGE의 1/2을 당일시가에 더하고 그것을 돌파(CROSSUP)할 때 신호를 나타냅니다. 당일거래량(V)가 전일거래량(V[1])의 1.5배 이상 되는 조건도 함께 붙였습니다.

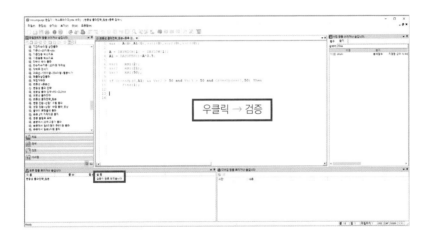

입력이 다 되었으면 우클릭을 누르고 맨 위 검증을 누르시거나 F4를 누르면 아래와 같이 "검증이 완료되었습니다."가 뜨면 오류 없이 잘 입력된 것입니다.

❹ 예스트레이더 3202 파워종목검색식 작성

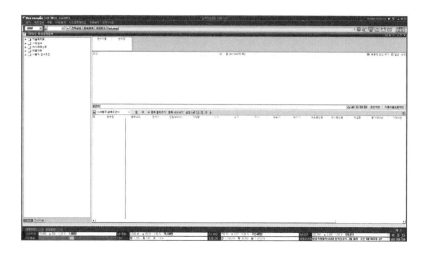

메인화면 왼쪽 상단의 검색창에 3202를 입력하고 엔터를 치면, "파워종목검색"이 뜹니다. 조건검색식을 작성해 보도록 하겠습니다.

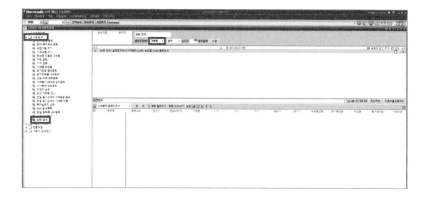

아무도 가르쳐주지 않는 주식 자동매매

시장검색 앞에 있는 + 버튼을 눌러주면 아래로 하위리스트가 나타납니다.

맨 밑에 순위검색을 눌러줍니다. 그리고 오른쪽 화면에 "거래량" 상위 100으로 입력하고 추가 버튼을 누릅니다.

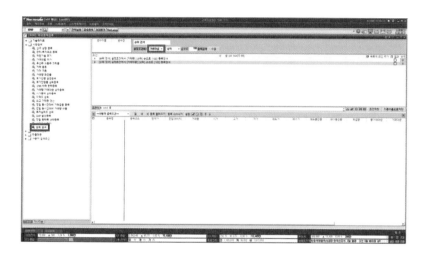

또 한 번 순위검색을 누르고 이번에는 "거래대금"으로 선택하시고 순위 상위 100을 추가하여 줍니다.

A AND B를 범위로 지정하시고 오른쪽 ( )를 눌러주면 괄호로 묶입니다.

AND를 더블클릭하시면 OR로 바뀝니다. 이는 앞에 키움증권 조건식과 같습니다.

거래량 순위 상위 100 또는 거래대금 상위 100의 조건 결과를 얻기 위한 것입니

다. 이제 다음 조건으로 넘어가겠습니다.

왼쪽에서 "가격대별 주가"를 클릭하고 오른쪽 화면에서 가격대를 동전주를 제외하

고 1,000원에서 유동성이 좋은 50,000원까지로 수정하여 줍니다. 그리고 추가버

튼을 눌러줍니다.

그리고 다음으로 왼쪽에서 "전일 동시간대비 거래량 비율"을 클릭하고 오른쪽 화면에서 200% 이상 9,999,999% 이하를 입력해줍니다.

이제 마지막으로 아까 랭귀지에서 코딩해서 저장해놓았던 "변동성 돌파 전략"을 찾아서 추가해 보겠습니다.

기술적지표 앞에 있는 +버튼을 눌러줍니다.

왼쪽 변동성 돌파 전략을 찾아 클릭하고, 오른쪽 화면에서 "검색에 필요한 최소기간"에 체크하고 예스트레이더에서 권장하는 500봉으로 설정합니다.

그다음 추가 버튼을 눌러 추가해주시고 위와 같이 최소기간 500봉이 반영이 안되었으면 수정 버튼을 한 번 더 눌러줍니다.

A [순위 검색] 설정조건에서 [거래량] [상위] 순으로 [100] 종목검색
B [순위 검색] 설정조건에서 [거래대금] [상위] 순으로 [100] 종목검색
C [가격대별 주가] 가격대 [1,000] ~ [50,000]
D [전일 동시간대비 거래량 비율] 거래량비율 [200] % 이상 [9,999,999] % 이하
E [변동성 돌파전략] 검색에 필요한 최소기간:[500] 봉 기준봉:[0] 사용데이터:일봉

이제 잘 반영이 되었습니다.

아무도 가르쳐주지 않는 주식 자동매매

"검색" 버튼을 눌러서 검색된 결과를 확인해봅니다.

다른 이름으로 저장을 눌러줍니다.

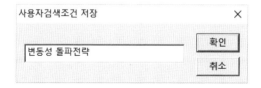

"변동성 돌파전략"이라고 적고 확인을 누릅니다. 이 제목은 나중에 자동매매 프로그램 예스스팟에서 사용되는 중요한 제목입니다. 띄어쓰기까지 신경 써야 합니다.

변동성과 돌파전략 사이에 띄어쓰기 한 번이 있습니다. 이렇게 저장된 제목은 사용자 검색조건 안에 있습니다.

여기까지는 2장에서 설명해 드린 바입니다.

변동성 돌파전략은 래리윌리암스가 미국 선물시장에서 사용하여 우승을 거머쥐게 한 전략입니다. 세력에 의해 좌우되는 시총이 적은 국내 주식 종목과는 조금 차이가 있다고 생각하셔야 합니다.

앞서도 말씀드렸거니와 아무런 전략과 매매포지션 없이 변동성 돌파전략을 무턱대고 자동매매로, 특히 단타를 목적으로 운용하면 수익을 내기란 어려울 수 있습니다.

가장 기본적인 변동성 돌파전략에서 성과를 개선하기 위해 조절할 수 있는 변수는 바로 진입가격을 산출할 때 사용하는 K 값입니다. 보통 K 값은 0~1 사이의 값이 사용되며, 아래의 진입가격을 산출하는 공식을 보면 알 수 있듯이 K 값이 클수록 진입가격이 높게 산출되므로 주가가 큰 폭으로 상승해야지만 진입이 이루어져 진입 회수가 낮지만, 반대로 K 값이 0에 가까워질수록 진입가격이 낮게 산출되어 주가가 조금만 상승하더

아무도 가르쳐주지 않는 주식 자동매매

라도 진입이 이루어져 진입 회수가 많고 공격적으로 진입하게 됩니다.

$$진입가격 = 시가 + (전일고가 - 전일저가) * K$$

보통 변동성 돌파전략에서는 주로 K 값을 0.35, 0.45, 0.5 등의 값으로 고정한 투자전략을 사용합니다. 시장 상황에 따라 K 값을 유동적으로 수정하고 진입가격을 산출하여 투자전략을 개선할 수 있습니다.

우선, 어떤 상황에서 K 값을 어떻게 설정할지를 결정해야 합니다. 저는 간단하게 5일 이동평균이 20일 이동평균보다 크면 K 값을 0.35로 주고, 그렇지 않으면 0.5로 설정합니다. 이러한 방식으로 정배열의 상승추세를 타고 있을 때 진입가격을 낮춰서 공격적으로 진입하고, 상승추세가 아닌 경우에는 진입가격을 낮춰서 보수적으로 진입하는 전략이 완성됩니다.

아침에 자동매매가 켜진 상태에서 장이 시작되었는데, 매수체결이 너무 많은 되었다며 문의해온 사례가 있습니다. 어떻게 하면 될까요? 예. 맞습니다. 파워종목검색에 들어가서 거래량 상위 100을 50이나 10으로 수정하고 저장하면 됩니다. 반대일 경우엔 100이 아니라 200으로 할 수도 있겠지요. 아니면 다른 매매기법과의 조합을 통해 매수 종목을 줄여나가는 것입니다.

주가가 높은 타점에서 매수 체결되는 것 같다며 볼멘소리를 하신 분도 계십니다. 만약 낮은 매수 타점을 원한다면 아래와 같이 6109 예스랭 귀지에 들어가서 코딩을 바꿔주기만 하면 됩니다.

앞에서 소개한 변동성 돌파전략은 초보자들이 쉽게 따라 할 수 있는 코드입니다. 그러나 실전으로 매매할 때는 이 부분을 위에서 말씀드린 K 값과 상승률의 조정을 통해 아래와 같이 보완할 수 있습니다. 이런 방식으로 얼마든지 본인의 매매방식에 맞게 조절해보세요.

```
INPUT : K(0.35),K1(0.5),상승률(1.1);
var : A(0),A1(0),A2(0),A3(0),MA5(0),MA20(0);

A = DAYHIGH[1] - DAYLOW[1];
A1 = DAYOPEN()+A*K;
A2 = DAYOPEN()+A*K1;
MA5 = MA(C,5);
MA20 = MA(C,20);
A3=IFF(MA5>MA20,A1,A2);

if CrossUp(C,A3) && C>O && C[1]*상승률>=C Then
    Find(1);
```

A1과 A2를 통해 K 값을 이원화했습니다.

5이평과 20이평의 정배열 시에는 추세가 상승이라고 보고 K 값 0.35를 적용하고, 반대의 경우에는 추세하락을 대비해 진입가격을 높였습니다.

그리고 기존의 거래량 1.5배 코드는 어차피 순위검색에서 거래량과 거래대금이 적용되어 코드를 삭제하였습니다.

대신에 높은 가격에 잡히지 않도록 전일 종가대비 10% 미만의 상승률일 경우에만 매수가 되도록 코드를 수정하실 수 있습니다. 5% 미만으로 하실 경우에는 INPUT에 있는 상승률을 1.05로 변경하시면 됩니다. 얼마든지 전략 자체를 수정할 수 있고 다양하게 활용할 수 있습니다.

&& C)O && C[1]*상승률)=C 은 다른 전략에서도 같은 위치에 붙여 넣어 사용할 수 있습니다.

6132 예스스팟 편집기의 코딩을 수정해야 하는 건 아닌지 궁금해하시는 분이 계십니다. 어차피 파워종목검색에서 변동성 돌파전략으로 제목이 저장돼 있으면 건드릴 이유가 없습니다.

예스스팟의 기능은 파워종목검색을 자동으로 검색하여 매수할 수 있도록 하는 역할이기 때문입니다.

Main.ReqPowerSearch("변동성 돌파전략") 코드의 쌍따옴표 안의 제목만 정확하게 적어주시면 됩니다. 모든 검색은 파워종목검색에서 결정되어 집니다. 단, 파워종목검색의 제목이 띄어쓰기까지 포함하여 정확하게 입력되어야 합니다.

변동성 돌파전략과 어울리는 지표로 웨이브트렌드가 있습니다. 이 둘을 조합해보겠습니다. 웨이브트렌드 전략은 4장에 자세히 설명돼 있습니다. 간략하게만 설명드리면, 이 책에서 다루는 웨이브트렌드는 하단선 침체에서 벗어나는 타점을 코드로 작성한 것입니다. 따라서 하단선 침체에서 벗어나면서 변동성 돌파를 하는 종목을 검색하기 위해 저런 방식으로 조합을 한 것입니다. 많이 하락한 종목이 침체에서 벗어나기 때문에 단타뿐만 아니라 스윙으로도 가져갈 수 있다는 것입니다.

아래와 같은 화면이 나와야 정상입니다. 역시 정답이라고 말씀드리는 것이 아니며 지표의 특징을 숙지한 뒤에 본인 매매방식에 맞게 전략을 개발하셔야 합니다. 모든 검색식에 정답은 없으며, 운용의 묘만 있을 뿐이라는 사실을 명심하시기 바랍니다.

A	[순위 검색] 설정조건에서 [거래량] [상위] 순으로 [500] 종목검색
B	[순위 검색] 설정조건에서 [거래대금] [상위] 순으로 [500] 종목검색
C	[가격대별 주가] 가격대 [1,000] ~ [50,000]
D	[전일 동시간대비 거래량 비율] 거래량비율 [200] % 이상 [9,999,999] % 이하
E	[주가 파라볼릭보다 큰 종목(0.02,0.2)] 검색에 필요한 최소기간:[50] 봉 기준봉:[0] 사용데이터:일봉
F	[변동성 돌파 전략(0.35,0.5,1.1)] 검색에 필요한 최소기간:[100] 봉 기준봉:[0] 사용데이터:일봉
G	[웨이브트렌드(10,21)] 검색에 필요한 최소기간:[100] 봉 기준봉:[0] 사용데이터:일봉

조건식 (A OR B) AND C AND D AND E AND F AND G ⇕ △ Ⓐ () (×) I() 조건저장

검색되는 종목 수에 따라 순위검색을 500종목 등으로 수정하시면 됩니다. 왜 '등'이라는 표현을 쓰냐면 장중에는 실제로 더 많이 또는 더 적게 종목이 검색되는 까닭입니다. 테스트를 통해 본인이 감당할 만한 검색 종목이 나오는 순위검색으로 하시면 됩니다.

표준양식에 '주가 파라볼릭보다 큰 종목'을 추가해 봅니다. 넣어도 되고 빼도 상관없으니 각각을 비교해서 시험해보시기 바랍니다.

파라볼릭 SAR(Parabolic Stop and Reversal) 지표는 추세의 방향과 반전점을 파악하는 데 사용되는 기술적 지표입니다. 웰즈 와일더(Wells Wilder)가 개발했으며, 포물선 형태의 선으로 차트에 표시됩니다.

주가가 SAR 위에 있으면 상승추세, 아래에 있으면 하락 추세로 간
주합니다.

시행착오를 줄이게 하고자 예스트레이더 자동매매 시스템에 관해
한 가지 팁을 드리겠습니다. 예스트레이더에서는 3202 파워종목검색에
서 조건검색을 변경하고자 할 때, 즉 기존 '사용자 검색조건'의 한 전략을
수정하려고 하면 간혹 A부터 시작하는 '조건식'이 사라지는 경우가 발생
합니다. 이러면 수정된 조건은 저장되지 않습니다.

이럴 때는 조건식에 자판을 영문 전환으로 영어로 전환한 뒤에 '(A or
B) and C and D and…' 등을 직접 입력하셔야 합니다. 아니면 표준양식을
불러온 뒤 새 전략을 입력하고 '다른이름으로저장' 하시기 바랍니다.

다음으로 변동성 돌파전략과 잘 맞는 또 다른 조합을 소개해 볼까
합니다. 변동성 돌파전략에 AK MACD BB와 파라볼릭을 추가한 검색식
입니다. 다음 그림과 같습니다.

```
A    [순위 검색] 설정조건에서 [거래량] [상위] 순으로 [200] 종목검색
B    [순위 검색] 설정조건에서 [거래대금] [상위] 순으로 [200] 종목검색
C    [가격대별 주가] 가격대 [1,000] ~ [50,000]
D    [전일 동시간대비 거래량 비율] 거래량비율 [200] % 이상 [9,999,999] % 이하
E    [주가 파라볼릭보다 큰 종목(0.02,0.2)] 검색에 필요한 최소기간:[50] 봉  기준봉:[0] 사용데이터:일봉
F    [AK MACD_BB 수정(10,1,12,26,9)] 검색에 필요한 최소기간:[100] 봉  기준봉:[0] 사용데이터:일봉
G    [변동성 돌파 전략(0.35,0.5,1.1)] 검색에 필요한 최소기간:[100] 봉  기준봉:[0] 사용데이터:일봉
```

```
조건식  A and B and C and D and E and F and G
```

```
**사용자 검색조건**    ▾    검  색  ▾  종목 불러오기  종목 내보내기  설정 ☑ ⊙ ₄₆ ↑ ↓
☑     종목명(3)      종목코드      현재가    ↑  전일대비(%)      거래량        시가
```

AK MACD BB는 단독으로 쓰실 때와는 약간 다르게 변형하였는데,
4장의 두 번째 지표인 AK MACD BB를 참고하시기 바랍니다.

02

마크 미너비니 - 세파전략
트렌드 템플레이트

몇천 달러이던 주식 계좌를 수백만 달러로 불렸고, 특히 1997년에는 25만 달러(한화 약 3억 1,000만 원)를 가지고 전미투자대회에 참가해서 무려 155%의 수익률로 우승하기도 했습니다.

이외에도 1994년부터 2000년까지 연평균 220%의 수익률(누적수익률 3만 3,500%)을 기록했으며, 손실이 난 분기는 단 한 번으로 알려져 있습니다.

그는 최고의 주식에 투자하는 자신만의 방법인 세파 전략(Specific Entry Point Analysis, SEPA)을 창시했습니다. 핵심은 아래와 같습니다.

주가의 성숙은 4단계를 통하여 이뤄진다.

1단계(무시 국면), 2단계(상승 국면), 3단계(고점 국면), 4단계(하락 국면)가 그것이다.

1단계(무시 국면): 지속적인 상승이나 하락 없이 주가가 횡보하거나, 주가가 200일 이동평균선 근처에서 오르내린다.
아무리 유혹적이라도 1단계에서는 주식을 매수하지 말아야 한다.

2단계(상승 국면): 주가가 오르기 시작하고 대형 기관들이 대량으로 주식을 사들이면서 수요가 급증한다.
주가가 200일 이동평균선 위에 있고, 단기 이동평균선이 장기 이동평균선 위에 있다.
대규모로 상승하는 날과 주에는 거래량이 급증하는 반면, 정상적인 조정 시에는 거래량이 줄어든다.

3단계(고점 국면): 강한 매수자에게서 약한 매수자로 손바뀜이 일어난다. 주가가 이전보다 넓고 느슨한 폭으로 오르내리면서 변동성이 증가한다.
주간 차트에서도 상승이 시작된 이후 최대 하락 폭을 기록할 수 있다. 주가가 200일 이동평균선 아래로 내려갈 수 있다.

4단계(하락 국면): 대다수 가격 변동은 200일 이동평균선 아래에서 이뤄진다.
주가는 52주 신저가 또는 그 근처에 있다.
거래량은 대규모로 하락하는 날과 주에 급등하는 반면, 반등하는 날에는 줄어든다.

주가의 성숙 4단계를 아래 차트로 정리해 볼 수 있습니다.

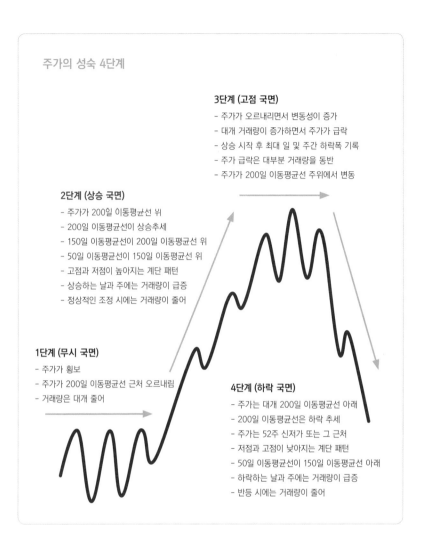

주가의 성숙 4단계

3단계 (고점 국면)
- 주가가 오르내리면서 변동성이 증가
- 대개 거래량이 증가하면서 주가가 급락
- 상승 시작 후 최대 일 및 주간 하락폭 기록
- 주가 급락은 대부분 거래량을 동반
- 주가가 200일 이동평균선 주위에서 변동

2단계 (상승 국면)
- 주가가 200일 이동평균선 위
- 200일 이동평균선이 상승추세
- 150일 이동평균선이 200일 이동평균선 위
- 50일 이동평균선이 150일 이동평균선 위
- 고점과 저점이 높아지는 계단 패턴
- 상승하는 날과 주에는 거래량이 급증
- 정상적인 조정 시에는 거래량이 줄어

1단계 (무시 국면)
- 주가가 횡보
- 주가가 200일 이동평균선 근처 오르내림
- 거래량은 대개 줄어

4단계 (하락 국면)
- 주가는 대개 200일 이동평균선 아래
- 200일 이동평균선은 하락 추세
- 주가는 52주 신저가 또는 그 근처
- 저점과 고점이 낮아지는 계단 패턴
- 50일 이동평균선이 150일 이동평균선 아래
- 하락하는 날과 주에는 거래량이 급증
- 반등 시에는 거래량이 줄어

마크 미너비니 세파전략 트렌드 템플레이트를 간단하게 키움증권 신호 화살표로 적용해보겠습니다.

위 그림의 지표는 마크 미너비니 매매법을 간단하게 표시한 것이며, 2단계 상승 초입을 포착할 수 있게 한 것입니다.

빨간색 선은 150봉 지수이평이고 파란선은 200봉 지수이평입니다. 검은색 선은 52주 신저가에서 25% 상승한 지점을 선으로 표시한 것입니다.

150지수이평 또는 200지수이평이 하락에서 상승으로 돌아설 때, 150지수이평 또는 200지수이평 또는 52주 신저가에서 25% 상승지점을 종가가 돌파할 때 화살표가 표시되는 그림입니다. 참고로, 지수이평이 뭔지부터 알아보겠습니다.

단순이평(Simple Moving Average, SMA)은 가장 기본적인 이평선으로 일정 기간 동안 종가를 산술평균으로 구합니다. 지수이평(Exponential Moving Average, EMA)은 최근 종가에 가중치를 적용하여 평균값을 구합니다. 가중이평(Weighted Moving Average, WMA)은 최근 종가는 가중치가 높고, 과거 종가는 가중치가 낮게 적용하여 평균값을 구합니다.
예를 들어, 5일치 데이터가 1, 2, 3, 4, 5라고 할 때 평균을 구하면,

- SMA(단순 이동평균) : 1+2+3+4+5=15/5=3
- EMA(지수 이동평균) : 1+2+3+4+5+5=20/6=3.33
- WMA(가중 이동평균) : 1*1+2*2+3*3+4*4+5*5=55
  계산에서 사용된 값 (1+2+3+4+5=15)
  55/15 = 3.67

따라서 현재의 주가를 더 많이 반영하는 가중치로 인해 WMA > EMA > SMA 순으로 이동평균이 배열되어집니다.

검은색, 빨간색, 파란색 3가지 선을 먼저 만들어 보겠습니다.

❶ 키움증권 수식관리자 기술적 지표 생성

0600 키움종합차트에서 마우스 우클릭을 합니다.

아무도 가르쳐주지 않는 주식 자동매매

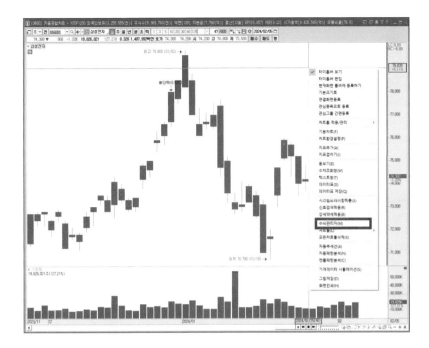

수식관리자를 클릭합니다.

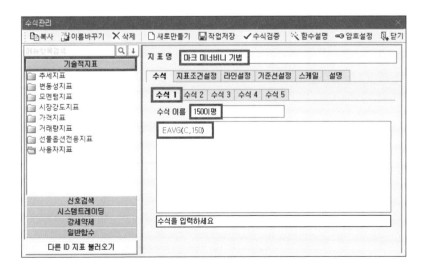

기술적지표를 선택하고 새로만들기를 눌러줍니다. 지표명에 "마크 미너비니 기법"
이라고 적습니다.

수식1에 수식 이름을 150이평이라고 적고 그 아래 공란에 아래 수식을 넣어줍니다.

EAVG(C,150)

EAVG는 키움증권에서 지수이평을 나타내는 함수입니다. C는 종가를 말합니다.
즉, 종가를 150봉 동안 지수이평을 한다는 뜻입니다.

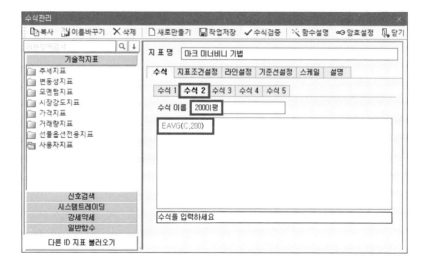

수식2에 수식 이름을 200이평이라고 적고 그 아래 공란에 아래 수식을 넣어줍니다.

EAVG(C,200)

아무도 가르쳐주지 않는 주식 자동매매

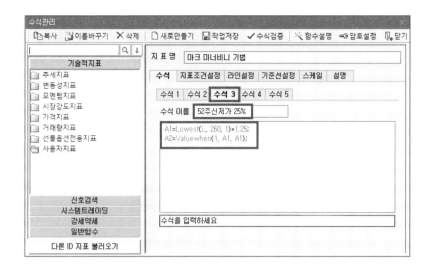

수식3에는 52주 신저가로부터 25% 상승한 지점에 선을 그어주는 수식입니다.

A1=Lowest(L, 260, 1)*1.25;

A2=Valuewhen(1, A1, A1);

A1이라는 변수에 1봉전 저가부터 시작해 260봉 동안의 가장 낮은 값에 1.25를 곱하여 25% 상승한 지점을 찾아냅니다.

ValueWhen이라는 함수를 이용하여 그 지점에 직선의 검은색 선을 그어줍니다.

사용법 : ValueWhen(nth, condition, data)

설명 : condition이 nth번째 만족된 시점의 data값을 나타냅니다.

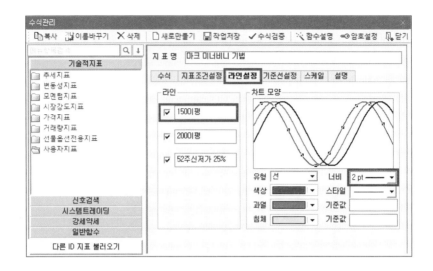

라인설정으로 이동해서 1500이평을 클릭하시고 빨간색 2포인트를 선택합니다.

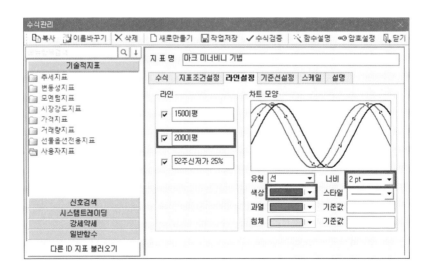

2000이평을 클릭하시고 파란색 2포인트를 선택합니다.

아무도 가르쳐주지 않는 주식 자동매매

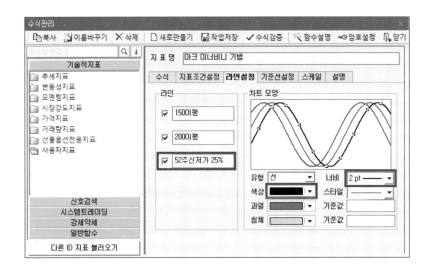

52주신저가 25%를 클릭하시고 검은색 2포인트를 선택합니다.

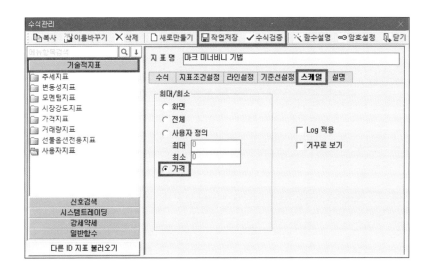

스케일로 이동해서 "가격"을 선택합니다. 그다음 수식검증과 작업저장을 선택합니다.

이제 저장된 마크 미너비니 기법 LINE을 불러내 보겠습니다.

좌측 상단의 좌측 메뉴 보이기/감추기 버튼을 눌러줍니다.

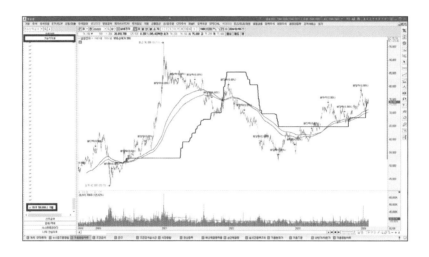

기술적지표 안에 마크 미너비니 기법을 선택하여 클릭하여 줍니다.

오른쪽 차트에 150 지수이평 LINE(빨간선)과 200 지수이평 LINE(파란선), 그리고

52주 신저가에서 25% 상승한 LINE(검정선)이 잘 표시가 되었습니다.

이제 검은색선 밑에 종가가 있으면서 하락하던 150 OR 200 지수이평이 상승으

로 돌아서는 시점에 이평선을 돌파하는 신호 수식을 만들어 보겠습니다.

아무도 가르쳐주지 않는 주식 자동매매

❷ 키움증권 수식관리자 신호검색 생성

0600 키움종합차트에서 마우스 우클릭을 합니다.

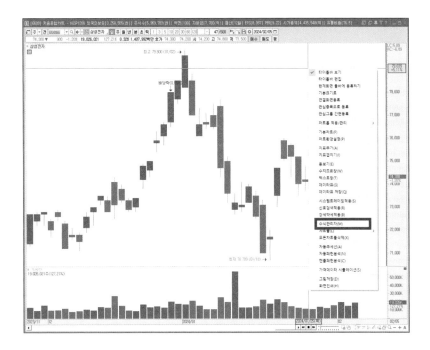

수식관리자를 클릭합니다.

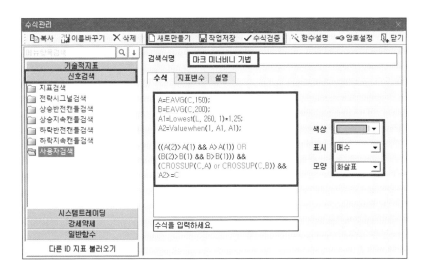

신호검색을 선택하고 새로만들기를 눌러줍니다. 검색식명에 "마크 미너비니 기법"
이라고 적어줍니다.

밑에 있는 수식탭 빈 공란에 아래 수식을 적어줍니다.

A=EAVG(C,150);
B=EAVG(C,200);
A1=Lowest(L, 260, 1)*1.25;
A2=Valuewhen(1, A1, A1);

((A(2)>A(1) && A>A(1)) OR
(B(2)>B(1) && B>B(1))) &&
(CROSSUP(C,A) or CROSSUP(C,B)) && A2>=C

수식 복사를 위해서는 아래 링크로 가시면 됩니다.

https://daebakstocks.modoo.at/?link=dpv9zx0x&messageNo=
4&mode=view

색상과 "매수"를 선택하고 화살표를 선택합니다. 그런 다음 수식검증을 하시고 작
업저장을 해줍니다.

이제 저장된 마크 미너비니 기법 신호수식을 불러내 보겠습니다.

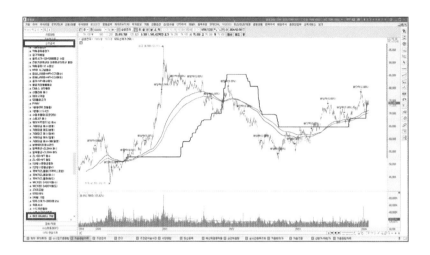

좌측 상단의 좌측메뉴 보이기/감추기 버튼을 눌러줍니다.

신호검색을 선택한 후 마크 미너비니 기법을 클릭합니다.

한 번 클릭하면 화살표 한 개가 표시되고 한 번 더 클릭하면 화살표가 두 개가 표

시됩니다.

화살표가 두 개가 안 나오시는 분은 아래와 같이 차트설정을 해주셔야 합니다.

차트화면 상단의 톱니바퀴(차트설정)를 눌러줍니다.

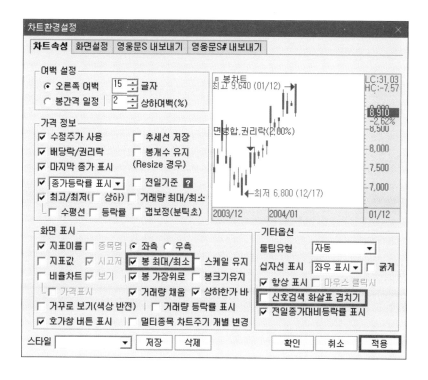

신호검색 화살표 겹치기의 체크를 해제하고, 봉 최대/최소에 체크를 해주시기 바랍니다.

이렇게 키움증권 수식관리자에서 기술적지표와 신호검색 만드는 방법을 알아보았습니다.

이제 예스트레이더 검색식을 작성해보도록 하겠습니다. 이해를 돕기 위해 간략하게 작성된 수식들입니다. 더 복잡한 응용을 할 수 있습니다.

❸ 예스트레이더 6109 예스랭귀지 작성

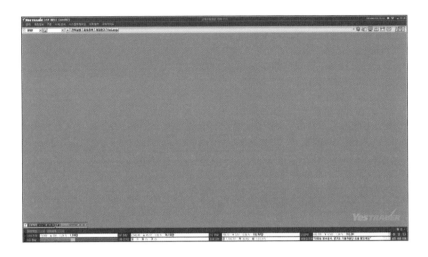

예스트레이더 메인화면입니다.

왼쪽 상단의 검색창에 6109를 입력합니다.

예스랭귀지 편집기로 갑니다.

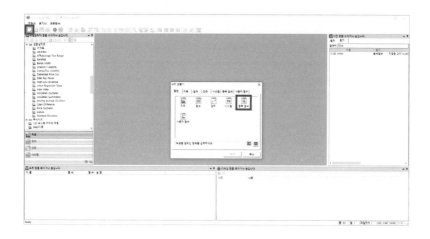

좌측 상단 아이콘을 누르거나 (CTRL+N)을 누릅니다. 그러면 중앙의 그림처럼 창이 뜹니다. 종목검색을 선택하여 클릭하고 확인을 누릅니다(더블클릭 해도 됩니다.).

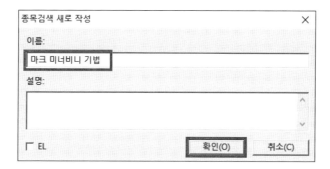

마크 미너비니 기법이라고 이름을 붙이고 확인을 누르시면 됩니다.

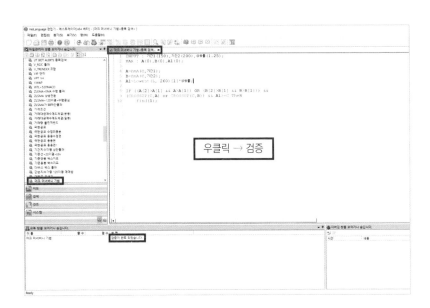

아래 공란에 수식을 입력해 줍니다.

INPUT : 기간1(150),기간2(200),상승률(1.25);
VAR : A(0),B(0),A1(0);

A=EmA(C,기간1);
B=EmA(C,기간2);
A1=Lowest(L, 260)[1]*상승률;

IF ((A[2]>A[1] && A>A[1]) OR (B[2]>B[1] && B>B[1])) &&
(CROSSUP(C,A) or CROSSUP(C,B)) && A1>=C TheN
    Find(1);

아무도 가르쳐주지 않는 주식 자동매매

수식은 아래 경로에서 복사하여 사용하면 됩니다.

https://daebakstocks.modoo.at/?link=dpv9zx0x&messageNo=
5&mode=view

수식을 입력한 후 화면에서 우클릭 하고 맨 위에 "검증"을 눌러줍니다

아래 창에 '검증이 완료되었습니다'가 뜨면 수식에 에러가 없다는 것입니다.

❹ 예스트레이더 3202 파워종목검색식 작성

다음으로 메인화면 왼쪽 상단의 검색창에 3202를 입력하고 엔터를 치시면 "파워종목검색"이 뜹니다.

조건검색식을 작성해 보도록 하겠습니다. 앞의 예스트레이더 자동매매 부분과 상당히 중복되는 부분이 있습니다.

조건 A부터 D까지는 앞 92쪽을 참고하시기 바랍니다. 순위검색은 500종목으로 했습니다. 이건 나오는 종목 수에 따라 변경해서 사용하시면 됩니다.

⊞─🗀 기술적지표
⊞─🗀 시장검색
⊞─🗀 예스매매신호
⊞─🗀 캔들패턴
⊞─🗀 사용자 검색조건

아무도 가르쳐주지 않는 주식 자동매매

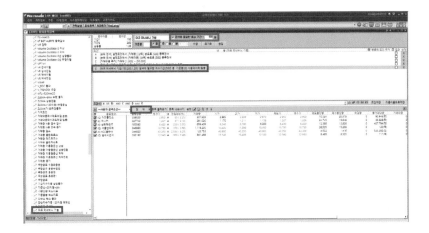

마지막 E조건은 조금 전에 6109 예스랭귀지에서 작성한 마크 미너비니 기법을 불러옵니다.

기술적지표에 있는 마크 미너비니 기법을 추가해서 검색에 필요한 최소기간을 예스트레이더에서 권장하는 500봉으로 설정합니다. 일봉을 선택하고 추가하시면 됩니다. 아래와 같이 괄호와 OR, AND를 잘 확인해야 합니다.

(A OR B) AND C AND D AND E

조건검색식이 완성되었습니다.

다른 이름으로 저장을 누르면 사용자 검색조건 안에 저장이 됩니다.

검색을 누르시면 위 그림과 같이 검색된 종목이 보입니다. 파워종목검색이 완성되면 자동매매로 연결할 수 있습니다.

자동매매의 방법은 앞에서 다루었으니 살펴보시기 바랍니다. 〈98쪽 참조〉

마크 미너비니 기법은 상대적으로 단타보다 스윙 투자 스타일에 더 어울린다고 말씀드릴 수 있습니다. 분할매수가 핵심입니다. 분할매수는 모든 종목에 적용됩니다.

원칙은 종목매수 후 다음날로 넘겨야 할 때 반드시 분할매수하라는 것입니다. 항상 손실 대비용으로 가용 현금 보유를 50% 이상 유지해야 합니다. 예를 들면,

첫 분할매수 : 10만 원 자동매수 후 다음날 또는 며칠 내 장 마감 무렵(3시에서 3시 15분 사이)에 평균단가 대비 -5% 이상 하락 시 양봉일 때 10만 원 추가매수(만약 다음날에 수익 달성하면 매도) 아니면 홀딩

두 번째 분할매수 : 매수 후 또 며칠 내 장 마감 무렵에 평균단가 대비 또다시 -5% 이상 하락 시 양봉일 때 10만 원 매수 아니면 홀딩

세 번째 분할매수 : 매수 후 또 며칠 내 장 마감 무렵에 평균단가 대비 -5% 이상씩 하락하였다면 총 -15% 하락인데 회사가 부도나 횡령/배임이 아닌 이상 이런 경우는 잘 나오지 않습니다.

종목 매수 후 항상 이런 위험도가 있는지 체크하셔야 스윙으로 가져

갈 수 있습니다. 이런 식으로 반드시 양봉일 때 추가매수를 해야 하고 분

할매수를 통해 평균단가를 줄이는 것입니다.

갑자기 올라갈 수 있으니, 이런 경우에는 자동매매 시 손실 부분은

체크 해제하고 수익만 3~5% 정도 유지하시면 됩니다. 충분히 소액으로

연습한 뒤에 실전에 사용하시기 바랍니다.

마크 미너비니 기법은 볼린저밴드 하단과 웨이브트렌드 하단 조합으

로 사용하면 좋습니다. 아래 파워종목검색 화면을 참고하시기 바랍니다.

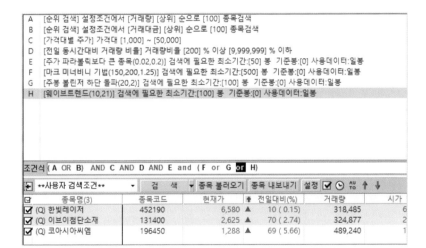

니콜라스 다바스 - 박스 이론

나는 주가가 오를 때는 절대 팔지 않는다.
왜 이기는 말에서 내린단 말인가?
나는 하락하는 주식은 절대 잡지 않는다.
뭐하러 지는 패를 잡는단 말인가?

- 니콜라스 다바스

니콜라스 다바스는 원래 무용수 출신으로 주식시장에 뛰어들어 《나는 주식투자로 250만 불을 벌었다》라는 책을 쓰며 단번에 유명해진 전략투자가입니다.

주요 활동 시대는 1960년대였는데 그 당시 니콜라스 다바스가 발견한 주가 흐름을 보고 '박스 이론'을 만들어냅니다.

월가의 영웅들 시리즈로 출간된 4권의 책 중 하나로 핵심 내용을 소개해 보고자 합니다. 이 이론은 다바스가 자신의 투자 경험을 바탕으로 개발한 효과적인 투자 전략입니다.

다바스는 주식 시장에서 투자할 때 주가 움직임을 박스로 표현하였습니다. 주가는 상승과 하락을 반복하며, 이를 다바스는 박스로 간주합니다. 이러한 박스의 형태와 패턴을 분석하여 투자 결정을 내리는 것이 박스 이론의 핵심입니다.

다바스의 박스 이론에서는 상승추세에서는 상승 박스, 하락 추세에서는 하락 박스를 관찰합니다.

상승 박스는 주가가 상승한 후 일정 기간 동안 일정한 범위에서 움직이는 상태를 의미합니다.

이는 주가가 일시적으로 정체되었다가 다시 상승할 준비가 되었다는 신호로 받아들일 수 있습니다.

반대로 하락 박스는 주가가 일정 기간 동안 일정한 범위에서 하락하는 상태를 의미합니다. 이는 주가가 계속해서 하락할 가능성이 높다는 신호로 해석될 수 있습니다.

다바스는 매수 포지션을 취하기 위해서는 박스의 상단을 돌파하는 시점을 찾아야 한다고 주장합니다.

이는 박스의 상단이 돌파되면 주가가 상승을 이어갈 가능성이 높다는 의미입니다.

매도 포지션을 취하기 위해서는 박스의 하단이 붕괴하는 시점을 찾아야 한다고 말합니다.

이는 하락 박스의 하단이 붕괴하면 주가가 계속해서 하락할 가능성
이 높다는 의미입니다.

박스 이론은 주가의 상승과 하락 패턴을 분석하여 효과적인 매수와
매도 포지션을 결정하는 데 도움을 줍니다.

다바스 박스의 주가 흐름과 트렌드를 파악하고, 이를 기반으로 투자
를 결정하시기 바랍니다.

그러나 박스 이론은 단순히 도구일 뿐이며, 실제 투자 시에는 추가적
인 분석과 판단이 필요합니다.

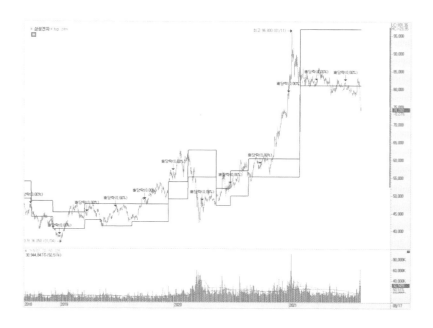

위 그림은 다바스 박스의 수식을 키움의 지표로 만든 것입니다. 박

스 상단을 돌파할 때를 중점적으로 관찰하면 됩니다.

키움증권 수식관리자 → 기술적지표에서 빨간색, 파란색 2가지 선을 먼저 만들어 보겠습니다.

❶ 키움증권 수식관리자 기술적 지표 생성

0600 키움종합차트에서 마우스 우클릭을 합니다.

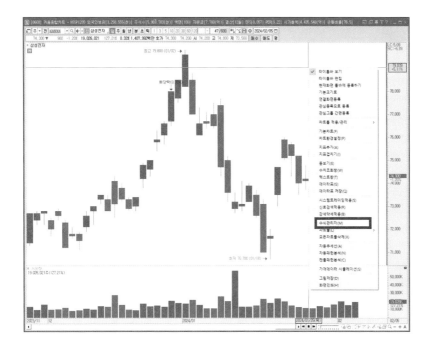

수식관리자를 클릭합니다.

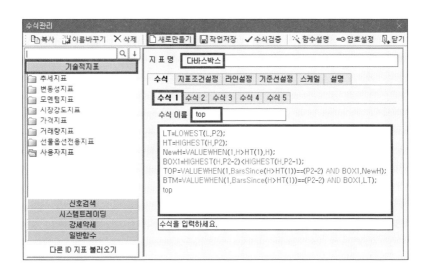

아무도 가르쳐주지 않는 주식 자동매매

기술적지표를 선택하고 새로만들기를 눌러서 지표명에 "다바스박스"라고 입력합니다.

수식1 탭을 선택하고 수식 이름을 TOP이라고 적습니다. 아래 공란에 다음 수식을 입력하시면 됩니다.

```
LT=LOWEST(L,P2);
HT=HIGHEST(H,P2);
NewH=VALUEWHEN(1,H>HT(1),H);
BOX1=HIGHEST(H,P2-2)<HIGHEST(H,P2-1);
TOP=VALUEWHEN(1,BarsSince(H>HT(1))==(P2-2) AND BOX1,NewH);
BTM=VALUEWHEN(1,BarsSince(H>HT(1))==(P2-2) AND BOX1,LT);
top
```

LT=LOWEST(L, P2);

LT는 P2(20) 기간 동안의 최저가(Lowest)를 나타냅니다.

L은 해당 기간 동안의 최저가를 의미합니다.

HT=HIGHEST(H, P2);

HT는 P2(20) 기간 동안의 최고가(Highest)를 나타냅니다.

H는 해당 기간 동안의 최고가를 의미합니다.

NewH=VALUEWHEN(1, H)HT(1), H);

NewH는 금일고점이 1봉전 고점보다 큰 경우, 즉 직전 기간에서 현재 기간으로 H

가 HT보다 커진 경우의 H 값을 나타냅니다.

VALUEWHEN 함수는 조건식이 참이 되는 경우에만 해당 값을 반환합니다.

여기서는 조건식이 "H〉HT(1)"이고, H〉HT(1)인 경우에만 H 값을 반환합니다.

BOX1=HIGHEST(H, P2-2)〈HIGHEST(H, P2-1);

BOX1은 P2-2(18) 기간 동안의 최고가(Highest)가 P2-1(19) 기간 동안의 최고가보다 작은지 여부를 나타냅니다.

TOP=VALUEWHEN(1, BarsSince(H〉HT(1))==(P2-2) AND BOX1, NewH);

TOP은 "H〉HT(1)" 조건이 참이 된 후 P2-2(18) 기간 이후에 BOX1 조건이 참이 되었을 때 NewH 값을 나타냅니다.

BarsSince(H〉HT(1))==(P2-2)는 "H〉HT(1)" 조건이 참이 된 이후 (P2-2) 기간 이후인지 확인합니다.

BTM=VALUEWHEN(1, BarsSince(H〉HT(1))==(P2-2) AND BOX1, LT);

BTM은 "H〉HT(1)" 조건이 참이 된 후 (P2-2) 기간 이후에 BOX1 조건이 참이 되었을 때 LT 값을 나타냅니다.

LT는 P2 기간 동안의 최저가를 나타내는 변수입니다. 즉, TOP와 BTM이 박스를 이루는 수식입니다.

수식1은 박스의 상단 TOP을 출력합니다.

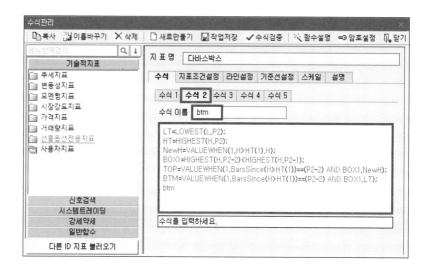

수식2 탭을 눌러서 수식 이름에 "BTM"을 입력하시고 아래 공란에 위 수식1의 수
식과 똑같이 입력해줍니다.

```
LT=LOWEST(L,P2);

HT=HIGHEST(H,P2);

NewH=VALUEWHEN(1,H>HT(1),H);

BOX1=HIGHEST(H,P2-2)<HIGHEST(H,P2-1);

TOP=VALUEWHEN(1,BarsSince(H>HT(1))==(P2-2) AND BOX1,NewH);

BTM=VALUEWHEN(1,BarsSince(H>HT(1))==(P2-2) AND BOX1,LT);

BTM
```

수식2는 박스의 하단 BTM을 출력합니다.

수식은 아래 경로에서 복사하여 사용하면 됩니다.

https://daebakstocks.modoo.at/?link=dpv9zx0x&messageNo=
6&mode=view

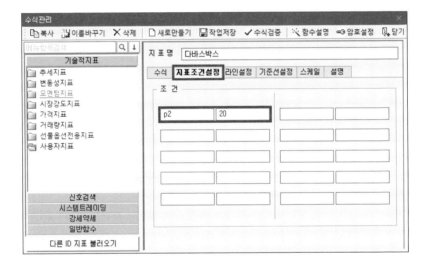

지표조건설정을 선택하고 P2 : 20을 입력합니다. 여기서 설정된 P2 변수의 값을
수식 탭에서 사용합니다.

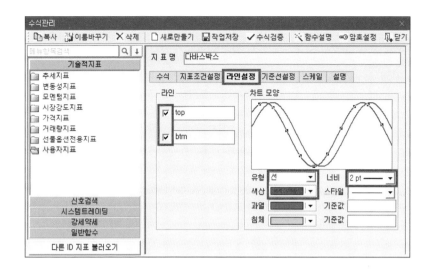

라인설정을 선택하고 TOP과 BTM 앞에 체크를 해줍니다.

TOP은 유형에서 선을 선택하고 색상은 빨간색으로 너비는 2PT를 선택합니다.

BTM은 유형에서 선을 선택하고 색상은 파란색으로 너비는 2PT를 선택합니다.

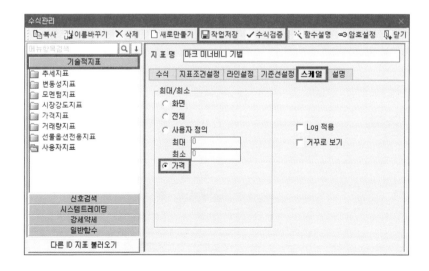

스케일로 갑니다. 가격을 선택합니다.

수식검증을 눌러서 오류가 없는지 검증합니다. 작업저장을 눌러서 "다바스박스"
지표를 저장합니다. 이제 저장된 다바스박스를 불러내 보겠습니다.

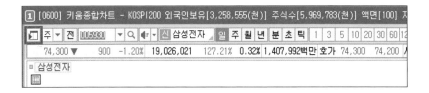

좌측 상단의 좌측메뉴 보이기/감추기 버튼을 눌러줍니다.

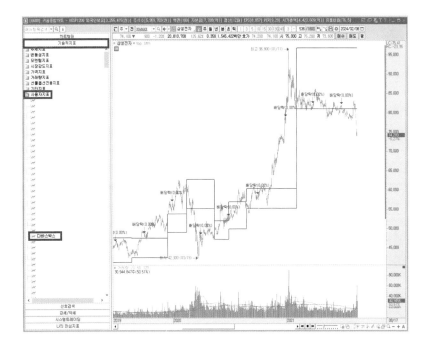

기술적지표 → 사용자 지표로 가서 다바스박스를 클릭합니다. 우측 차트에 빨간색
과 파란색의 박스가 생겼습니다.

이제 이 박스 상단을 돌파할 때 나타나는 신호 화살표를 만들어보겠습니다.

❷ 키움증권 수식관리자 신호검색 생성

0600 키움종합차트에서 마우스 우클릭을 합니다.

수식관리자를 클릭합니다.

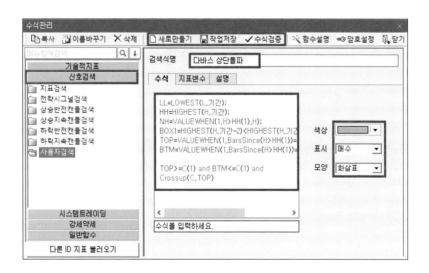

아무도 가르쳐주지 않는 주식 자동매매

신호검색을 선택합니다. 새로만들기를 누릅니다. 검색식명에 "다바스 상단돌파"라
고 입력합니다.

수식란에 아래와 같이 입력합니다.

```
LL=LOWEST(L,기간);
HH=HIGHEST(H,기간);
NH=VALUEWHEN(1,H>HH(1),H);
BOX1=HIGHEST(H,기간-2)<HIGHEST(H,기간-1);
TOP=VALUEWHEN(1,BarsSince(H>HH(1))==(기간-2) AND BOX1,NH);
BTM=VALUEWHEN(1,BarsSince(H>HH(1))==(기간-2) AND BOX1,LL);

TOP>=C(1) and BTM<=C(1) and
Crossup(C,TOP)
```

색상은 화살표 색상을 말합니다. 원하는 색상으로 선택합니다. 표시는 "매수"를 선택
합니다. 모양은 화살표를 선택합니다. 그런 다음 수식검증을 하고 작업저장을 합니다.
마지막으로 수식 탭 옆에 있는 지표변수를 클릭하고 기간 20을 넣어줍니다.

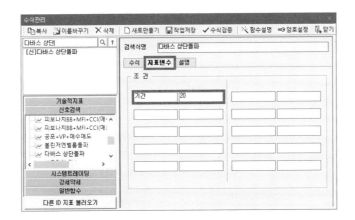

수식은 아래 경로에서 복사하여 사용하면 됩니다.

https://daebakstocks.modoo.at/?link=dpv9zx0x&messageNo=
7&mode=view

이제 저장된 다바스 상단돌파 신호화살표를 불러내 보겠습니다.

좌측 상단의 좌측메뉴 보이기/감추기 버튼을 눌러줍니다.

아무도 가르쳐주지 않는 주식 자동매매

신호검색을 선택한 후 다바스 상단돌파를 클릭합니다.

한 번 클릭하면 화살표 한 개가 표시되고 한 번 더 클릭하면 화살표가 두 개가 표시됩니다.

화살표가 두 개가 안 나오시는 분은 아래와 같이 차트설정을 해주셔야 합니다.

차트화면 상단의 톱니바퀴(차트설정)를 눌러줍니다.

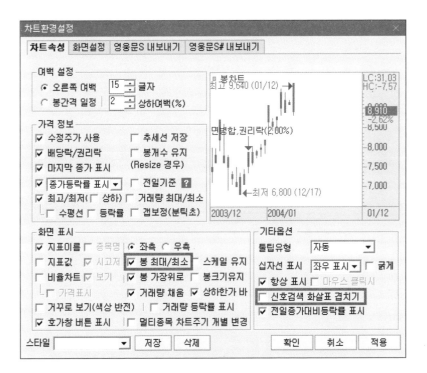

신호검색 화살표 겹치기의 체크를 해제하고 봉 최대/최소에 체크를 해주기 바랍니다. 이렇게 키움증권 수식관리자에서 기술적지표와 신호검색 만드는 방법을 알아보았습니다.

이해를 돕기 위해 간략하게 작성된 수식들입니다. 더 복잡한 응용을 할 수 있습니다.

❸ 예스트레이더 6109 예스랭귀지 작성

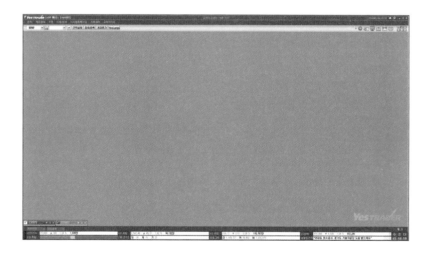

예스트레이더 메인화면입니다.

아무도 가르쳐주지 않는 주식 자동매매

왼쪽 상단의 검색창에 6109를 입력합니다. 그럼 예스랭귀지 편집기로 갑니다.

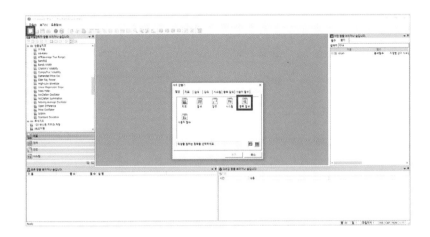

좌측 상단 아이콘을 누르거나 (CTRL+N)을 누릅니다. 그러면 중앙의 그림처럼 창이 뜹니다. 종목검색을 선택하여 클릭하고 확인을 누릅니다(더블클릭해도 됩니다.).

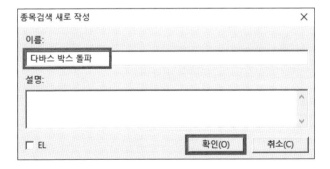

다바스 박스 돌파라고 입력하고 확인을 누릅니다.

아래 수식을 입력해 줍니다.

```
input : 기간(20),R(2);
var : TOP(0),LO(0),DOUBLE(0),BARSSINCE(0),box1(False);

TOP = HIGHEST(H,기간);
LO = LOWEST(L,기간);
BOX1=HIGHEST(H,기간-2)<HIGHEST(H,기간-1);

if H > TOP[1] Then
{
  DOUBLE = H;
  BARSSINCE = 0;
}
Else
```

아무도 가르쳐주지 않는 주식 자동매매

```
{
  if DOUBLE > 0 Then
  {
   BARSSINCE = BARSSINCE+1;
   if BARSSINCE == 기간-R && BOX1==true Then
   {
     var1 = DOUBLE;
     Var2 = LO;
   }
  }
}

if var1 > 0 and Var2 > 0 Then
{
  if CrossUp(c,var1) Then
    Find(1);
}
```

수식은 아래 경로에서 복사하여 사용하면 됩니다.

https://daebakstocks.modoo.at/?link=dpv9zx0x&messageNo=
8&mode=view

수식을 입력한 후 화면에서 우클릭하시고 맨 위에 "검증"을 눌러줍니다. 아래 창에

'검증이 완료되었습니다'가 뜨면 수식에 에러가 없다는 것입니다.

❹ 예스트레이더 3202 파워종목검색식 작성

다음으로 메인화면 왼쪽 상단의 검색창에 3202를 입력하고 엔터를 치면 "파워종목검색"이 뜹니다.

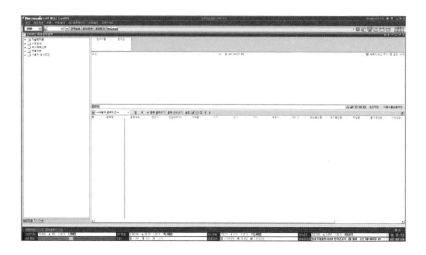

앞의 예스트레이더 자동매매 부분과 상당히 중복되는 부분이 있습니다. 조건 A부터 D까지는 앞 92쪽을 참고하시기 바랍니다.

순위검색은 500종목으로 했습니다. 이건 나오는 종목 수에 따라 변경해서 사용하시면 됩니다.

아무도 가르쳐주지 않는 주식 자동매매

마지막 E조건은 조금 전에 6109 예스랭귀지에서 작성한 "다바스 박스 돌파"를 불러옵니다.

기술적지표에 있는 "다바스 박스 돌파"를 추가해서 검색에 필요한 최소기간을 예스트레이더에서 권장하는 500봉으로 설정합니다. 일봉을 선택하고 추가하면 됩니다.

(A OR B) AND C AND D AND E

조건검색식이 완성되었습니다. 다른 이름으로 저장을 누르면 사용자 검색조건 안에 저장이 됩니다.

검색을 누르시면 검색된 종목이 보입니다.

파워종목검색이 완성되면 자동매매로 연결할 수 있습니다. 자동매매의 방법은 앞에서 다루었습니다. 〈98쪽 참조〉

예스트레이더 자동매매의 경우, 6131 창에서 변동성 돌파전략, 마크 미너비니 전략, 다바스 상단돌파 등을 자동매매로 등록하면 이 세 가지 전략을 한 번에 자동매매로 돌릴 수가 있습니다. 이뿐만 아니라 4장에서 소개하는 트레이딩뷰 지표도 추가할 수 있습니다.

다만, 자동매도로 설정해 놓으면 다른 매도 로직에서도 주문이 나가니 조심해야 합니다.

여러 개를 돌릴 때는 완전자동로직으로 하면 안 되고 스탑로스를 사용하는 로직으로 운영하셔야 합니다. 이게 무슨 말인지 예를 들면, A전략, B전략, C전략 세 가지를 동시에 자동으로 돌린다고 가정하겠습니다.

두 번째 당일 청산 완전자동로직에는 +-5% 매도까지 자동으로 설정되어 있습니다. A 전략에서 1주 매수가 되었다면 A, B, C 모두가 완전자동로직의 매도 로직이 자동으로 적용된다는 이야기입니다.

매수는 A전략 한 군데서 되었지만 매도는 3군데 매도 로직이 돌아가고 있다는 것입니다. 매도 시점에 3군데 로직에서 매도 주문이 나갑니다. '띵띵띵' 거리겠죠.

매수 종목이 10종목이고 동시에 매도가 나간다고 했을 때 정신을 못 차리겠죠. 30번을 띵띵거리니까요. 그래서 첫 번째 스탑로스 주문 설정으로 하라는 것입니다.

한 가지 팁을 드리자면, 처음에는 여러 전략을 돌리지 말고 한 가지

아무도 가르쳐주지 않는 주식 자동매매

에 집중하시라는 겁니다. 매수한 종목이 10개가 넘어가 버리면 진짜 감당

하실 수 없는 상황이 발생합니다. 2~3가지 종목이 적당하고 여기서 한두

가지만 집중해서 수익을 극대화하는 매매가 최선입니다.

다바스 박스 상단돌파 전략은 고점 돌파 매매로서 4장에서 소개할

트레이딩뷰 지표인 'AK MACD BB 수정'과 조합해 아래 그림처럼 만들어

사용해보시기 바랍니다.

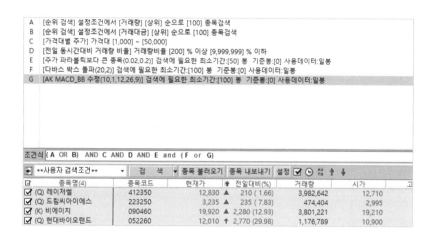

더 자세한 수식과 다양한 사례들은 아래 대박주식연구소 유튜브 채

널 및 카페, 블로그에 들어가시면 많은 기법을 만날 수 있습니다.

대박주식연구소

https://www.youtube.com/@songtong

대박차트연구소

https://www.youtube.com/@songtongChart

네이버 카페

https://cafe.naver.com/daebakstocks

네이버 블로그

https://blog.naver.com/songtong

4

수익을 극대화하는
트레이딩뷰 비밀 지표

📢 읽기 전에

트레이딩뷰는 주식, 선물, 지수, 포렉스(외환거래), 비트코인 등 다양한 자산 클래스에 대한 차트 및 기술적 분석 플랫폼으로 알려져 있습니다. 주요 기능 및 특징은 다음과 같습니다.

첫째, (다양한 차트 및 도구) 10만 종 이상의 종목을 지원하며, 50종류 이상의 차트 드로잉 툴과 12가지 종류의 화면 타입 및 화면 분할 기능을 제공합니다.

둘째, (보조지표 및 분석) 다양한 보조지표를 활용하여 차트 분석이 가능하며, 전문 트레이더의 분석글을 열람할 수 있습니다.

셋째, (실시간 데이터) 주식, 선물, 지수, 포렉스, 비트코인 등에 대한 최신 데이터를 모든 디바이스에서 제공합니다.

넷째, (글로벌 시장 지원) 글로벌 금융 시장의 다양한 자산 클래스에 대한 차트 및 기술적 분석 도구를 제공합니다.

트레이딩뷰는 사용자 친화적인 환경에서 다양한 자산의 차트 분석을 지원하여 트레이더들 사이에서 널리 사용되고 있습니다.

이 장에서는 트레이딩뷰의 유용한 지표를 키움증권의 수식관리자로 변형하는 작업을 도와드리겠습니다.

트레이딩뷰의 좋은 지표를 키움증권용으로 변형된 자료가 거의 없어서 저자도 처음에 무척 애를 먹었던 기억이 있어 여러분께 많은 도움이 되리라 믿습니다.

01

WaveTrend Oscillator

네이버나 구글 등 검색엔진에서 트레이딩뷰(https://kr.tradingview.com/)라고 검색해서 홈페이지로 접속합니다.

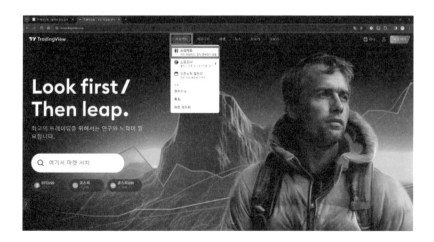

프로덕트 → 슈퍼차트를 클릭합니다.

트레이딩뷰 메인화면에서 지표를 누르고 커뮤니티 스크립트를 클릭합니다.

탑을 선택하면 위에서 4번째 WaveTrend Oscillator "LazyBear"에 대하여 소개

해드리겠습니다.

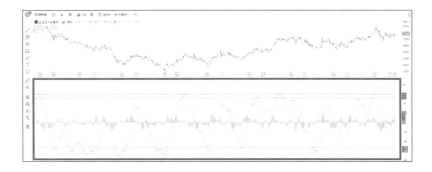

WaveTrend Oscillator(WT)는 LazyBear가 개발한 기술적지표로, 트

렌드 방향과 강도를 파악하는 데 유용한 도구입니다. 기존 오실레이터의

단점을 보완하기 위해 고안되었으며, 특히 변동성이 큰 시장에서도 효과

아무도 가르쳐주지 않는 주식 자동매매

적인 것으로 알려져 있습니다.

WT는 가격 변동률(ROC)과 이동평균(MA)을 기반으로 작동합니다. ROC는 현재 가격과 과거 가격의 차이를 백분율로 나타낸 지표이며, MA는 과거 ROC 값들의 평균을 나타냅니다. WT는 이 두 지표를 결합하여 현재 시장 상황을 더욱더 명확하게 보여줍니다.

WT 계산 공식은 다음과 같습니다.

$$WT = 100 * (ROC / MA)$$
ROC: n 기간 동안의 가격 변동률
MA: m 기간 동안의 ROC 평균
n: 일반적으로 14
m: 일반적으로 21

WT의 주요 특징은 4가지로 크게 압축됩니다.

첫째, (트렌드 방향 파악) WT는 0라인을 기준으로 위 또는 아래에 위치하여 트렌드 방향을 나타냅니다.

둘째, (트렌드 강도 파악) WT의 값은 트렌드 강도를 나타냅니다. 값이 클수록 트렌드가 강하고, 값이 낮을수록 트렌드가 약합니다.

셋째, (과매수/과매도) WT는 상단 및 하단 과매수/과매도 영역을 제공하여 매매 타이밍을 파악하는 데 도움을 줍니다.

넷째, (다양한 변동성 환경에서 적용 가능) WT는 변동성이 큰 시장에서도 효과적인 것으로 알려져 있습니다.

WT의 장점입니다.

첫째, (신호의 안정성) WT는 잘못된 신호를 발생시키는 경우가 비교적 적습니다.

둘째, (다양한 변동성 환경에서 적용 가능) WT는 변동성이 큰 시장에서도 효과적인 것으로 알려져 있습니다.

셋째, (초보자도 쉽게 사용 가능) WT는 사용하기 쉽고 해석하기 간단합니다.

WT의 단점입니다.

첫째, (지연성) WT는 과거 데이터를 기반으로 작동하기 때문에 지연성이 발생할 수 있습니다.

둘째, (매개변수 설정) WT는 사용자 설정 매개변수가 필요하며, 최적의 매개변수는 시장 상황에 따라 달라질 수 있습니다.

WT는 트렌드 방향과 강도를 파악하는 데 유용한 기술적지표입니다. 기존 오실레이터에 비해 안정적인 신호를 제공하며, 다양한 변동성 환경에서 적용될 수 있다는 장점이 있습니다. WT는 초보자도 쉽게 사용할 수 있는 지표이지만, 최상의 결과를 얻기 위해서는 지표의 작동 방식과 활용 방법을 숙지하는 것이 중요합니다.

다음은 트레이딩뷰에서 사용하는 파인스크립트 코드입니다.

```
//
// @author LazyBear
//
// If you use this code in its original/modified form, do drop me a
note.
//
study(title="WaveTrend [LazyBear]", shorttitle="WT_LB")
n1 = input(10, "Channel Length")
n2 = input(21, "Average Length")
obLevel1 = input(60, "Over Bought Level 1")
obLevel2 = input(53, "Over Bought Level 2")
osLevel1 = input(-60, "Over Sold Level 1")
osLevel2 = input(-53, "Over Sold Level 2")

ap = hlc3
esa = ema(ap, n1)
d = ema(abs(ap - esa), n1)
ci = (ap - esa) / (0.015 * d)
tci = ema(ci, n2)

wt1 = tci
wt2 = sma(wt1,4)

plot(0, color=gray)
plot(obLevel1, color=red)
plot(osLevel1, color=green)
plot(obLevel2, color=red, style=3)
plot(osLevel2, color=green, style=3)

plot(wt1, color=green)
plot(wt2, color=red, style=3)
plot(wt1-wt2, color=blue, style=area, transp=80)
```

ap = hlc3

고가, 저가, 종가의 평균을 취하여 평균 가격을 계산합니다.

esa = ema(ap, n1)

N1을 사용하여 평균 가격의 지수 이동 평균(EMA)을 계산합니다.

d = ema(abs(ap - esa), n1)

평균 가격과 esa의 절대값 차이의 EMA를 계산합니다

이는 변동성 평가에 사용됩니다.

ci = (ap - esa) / (0.015 * d)

평균 가격 ap와의 차이를 변동성의 배수로 나눈 값인 누적 지수를 계산합니다.

tci = ema(ci, n2)

N2를 사용하여 누적 지수의 EMA를 계산합니다.

wt1 = tci

tci 라인은 WaveTrend를 나타내는 변수에 값을 할당합니다.

wt2 = sma(wt1,4)

단순 이동 평균(SMA)을 계산하고 그 결과를 WT2에 할당합니다.

아무도 가르쳐주지 않는 **주식 자동매매**

키움증권에서 사용할 수 있는 코드로 변환하여 보겠습니다.

```
ap = (HIGH+LOW+CLOSE)/3;
esa = eavg(ap, 기간1);
d = eavg(abs(ap - esa), 기간1);
ci = (ap - esa) / (0.015 * d);
wt1 = eavg(ci,기간2);
wt2 = avg(wt1,4);
wt1
```

❶ 키움증권 수식관리자 기술적 지표 생성

0600 키움종합차트에서 마우스 우클릭을 합니다.

아무도 가르쳐주지 않는 주식 자동매매

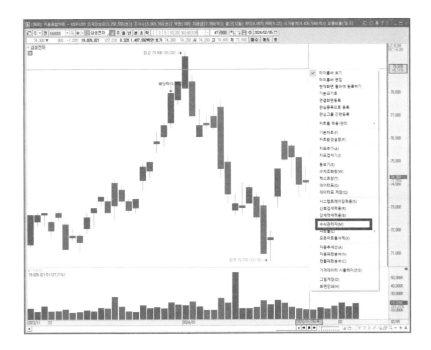

수식관리자를 클릭합니다.

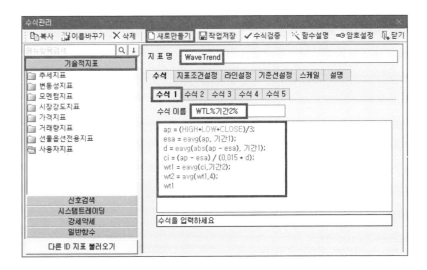

기술적지표를 선택한 후 새로만들기를 누릅니다. 지표명은 WAVETREND라고 적어주시고 수식1을 클릭합니다.

수식 이름에 WTL%기간2%라고 적어줍니다. %기간2%는 지표조건설정에 있는 값을 불러온다는 뜻입니다. 기간2가 21이니까 지표 상단에 출력은 WTL21로 출력이 됩니다. 그리고 수식을 넣어줍니다.

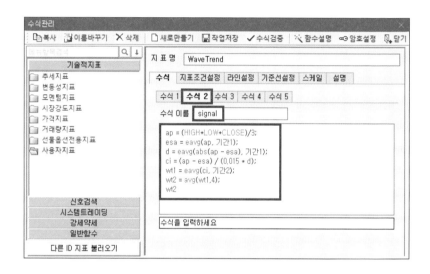

다음으로 수식2 탭을 눌러서 수식 이름을 SIGNAL이라 적어주시고 그 밑의 공란에 수식을 넣어줍니다.

　　　　　　　　　　　　　아무도 가르쳐주지 않는 주식 자동매매

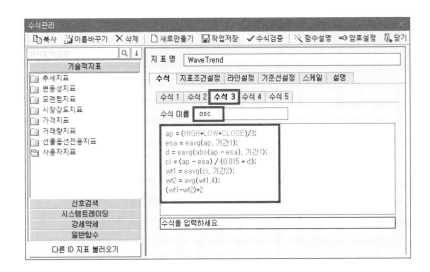

수식3을 클릭하고 수식 이름에 OSC를 적어주시고 수식을 넣습니다.

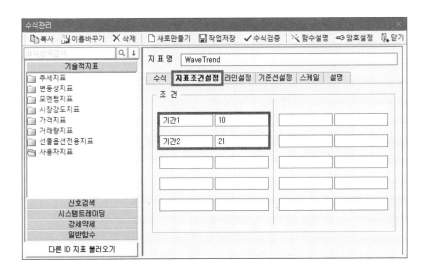

수식은 아래 경로에서 복사하여 사용하면 됩니다.

https://daebakstocks.modoo.at/?link=dpv9zx0x&messageNo=
9&mode=view

지표조건설정으로 이동합니다. 기간1이라는 변수에 10을, 기간2라는 변수에는 21
을 넣어줍니다.

조금 전 수식 탭에 있는 모든 기간1, 기간2 변수에 10과 21이 할당됩니다. 이렇게
하는 이유는 나중에 차트를 보면서 기간값을 차트상에서 바로 바꿀 수 있어 편리
하게 사용할 수 있습니다.

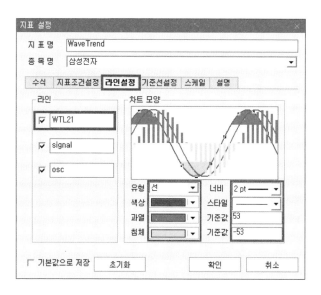

아무도 가르쳐주지 않는 주식 자동매매

라인설정으로 이동합니다.

WTL21에 체크가 되어있다면 유형은 선/색상은 빨간색/과열은 분홍색/침체는 하늘색으로 설정하고 너비 2PT/스타일은 직선/기준값은 53과 -53을 입력하여줍니다.

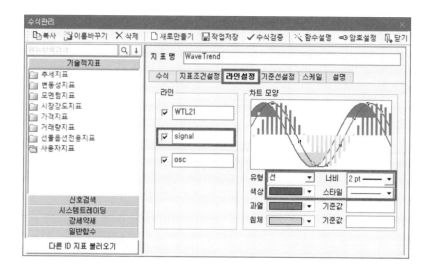

SIGNAL을 클릭하고 체크를 확인합니다. 유형은 선/색상은 파란색/너비 2PT/스타일은 직선으로 세팅합니다.

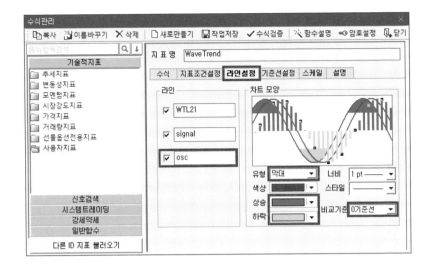

OSC를 클릭하고 체크를 확인합니다.

유형은 막대/상승은 분홍색/하락은 하늘색/비교기준에 0기준선을 선택합니다.

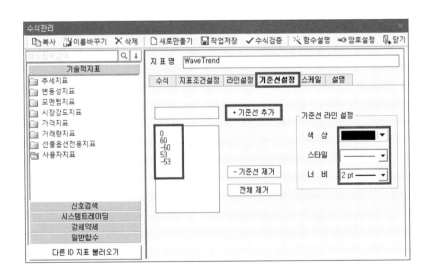

아무도 가르쳐주지 않는 주식 자동매매

기준선설정탭으로 이동합니다. 0을 넣고 기준선 추가를 눌러줍니다. 차례대로 60
을 넣고 기준선 추가/-60 기준선 추가/53 기준선 추가/-53기준선 추가를 입력
해주고 색상은 검정색/스타일은 직선/너비는 2PT로 설정합니다.

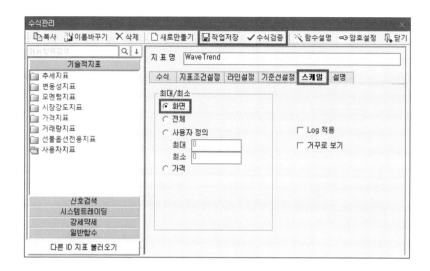

스케일로 이동 후 "화면"에 체크를 해주고 수식검증 → 작업저장을 눌러주면
WAVETREND 지표가 저장되고 완성이 되었습니다.

이제 키움증권 차트화면에 적용해보도록 하겠습니다. 이제 저장된 WAVETREND
를 불러내 보겠습니다.

좌측 상단의 좌측메뉴 보이기/감추기 버튼을 눌러줍니다.

기술적지표를 누르시고 WAVETREND을 클릭해주시면 오른쪽 하단에 웨이브트렌

드 지표가 생성됩니다. 이걸 어떻게 해석해 쓸지는 아래 예스트레이더로 가서 알려

드리겠습니다.

　　　　　　　　　　　　아무도 가르쳐주지 않는 **주식 자동매매**

❷ 예스트레이더 6109 예스랭귀지 작성

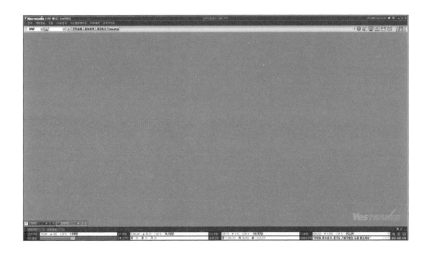

예스트레이더 메인화면입니다.

왼쪽 상단의 검색창에 6109를 입력합니다. 그럼 예스랭귀지 편집기로 갑니다.

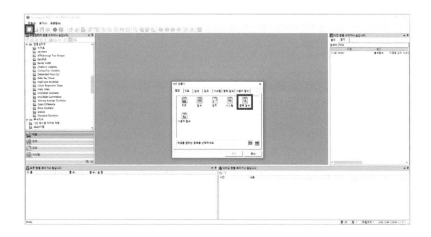

좌측 상단 아이콘을 누르거나 (CTRL+N)을 누릅니다. 그러면 중앙의 그림처럼 창이 뜹니다. 종목검색을 선택하여 클릭하고 확인을 누릅니다(더블클릭해도 됩니다.).

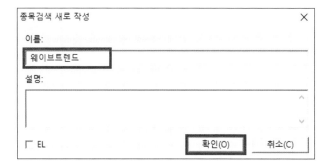

이름을 "웨이브트렌드"라고 입력하고 확인을 누릅니다.

아무도 가르쳐주지 않는 주식 자동매매

아래 수식을 입력해 줍니다.

```
INPUT : 기간1(10),기간2(21);
VAR : ap(0),esa(0),d1(0),ci(0),wt1(0),wt2(0);

# 웨이브트렌드
ap = (HIGH+LOW+CLOSE)/3;
esa = Ema(ap, 기간1);
d1 = Ema(abs(ap - esa), 기간1);
ci = (ap - esa) / (0.015 * d1);
wt1 = Ema(ci,기간2);
wt2 = ma(WT1,4);

IF WT1[1]<=-53 && (CrossUp(WT1,-53) OR CrossUp(WT1,WT2)) TheN
    Find(1);
```

수식은 아래 경로에서 복사하여 사용하면 됩니다.

https://daebakstocks.modoo.at/?link=dpv9zx0x&messageNo=
10&mode=view

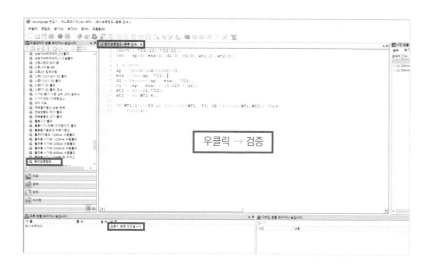

수식을 입력한 후 화면에서 우클릭하시고 맨 위에 "검증"을 눌러줍니다. 아래 창에 '검증이 완료되었습니다'가 뜨면 수식에 에러가 없다는 것입니다.

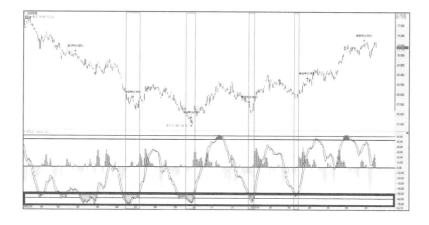

삼성전자 일봉입니다. 맨 아래 빨간색 네모처럼 웨이브트렌드가 -53 이하에 있을 때 주가가 저점인 것을 확인할 수 있습니다.

아무도 가르쳐주지 않는 주식 자동매매

따라서 웨이브트렌드 본선(빨간색)이 시그널선(파란색)을 돌파하거나 또는 -53을 본선이 돌파할 때 타점이 나오는 것을 볼 수 있습니다.

이것을 예스트레이더에서 수식으로 만든 것입니다. 물론 이 지표 단독으로 사용하는 것은 위험합니다. 다른 보조지표와 병행해서 사용해야 합니다.

가령, 예스트레이더 3202 파워종목검색에서 앞서 소개한 변동성 돌파전략 등과 조합해 사용할 수 있습니다.

드레이딩뷰에서 소개할 다음 지표들도 마찬가지입니다. 다양한 전략을 병행해서 나만의 전략을 만들어 보시기 바랍니다.

❸ 예스트레이더 3202 파워종목검색식 작성

다음으로 메인화면 왼쪽 상단의 검색창에 3202를 입력하고 엔터를 치면 "파워종목검색"이 뜹니다.

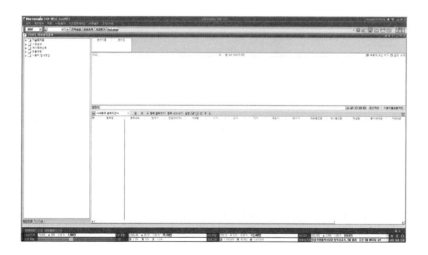

앞의 예스트레이더 자동매매 부분과 상당히 중복되는 부분이 있습니다. 조건 A부터 D까지는 앞 92쪽을 참고하시기 바랍니다.

순위검색은 100종목으로 했습니다. 이것은 나오는 종목 수에 따라 변경해서 사용하시면 됩니다.

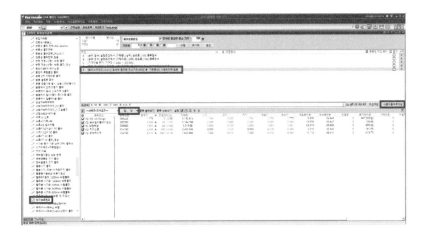

좌측 상단의 "기술적지표" 안에 조금전 저장된 "웨이브트렌드"를 찾아 클릭하면 됩니다.

마지막 E조건은 조금 전에 6109 예스랭귀지에서 작성한 "웨이브트렌드"를 불러옵니다.

기술적지표에 있는 "웨이브트렌드"를 추가해서 검색에 필요한 최소기간을 예스트레이더에서 권장하는 500봉으로 설정합니다. 일봉을 선택하고 추가하면 됩니다.

(A OR B) AND C AND D AND E

조건검색식이 완성되었습니다. 다른 이름으로 저장을 누르면 사용자 검색조건에
저장이 됩니다.

검색을 누르시면 검색된 종목이 보입니다. 파워종목 검색이 완성되면 자동매매로
연결할 수 있습니다. 자동매매 방법은 앞에서 다루었습니다. 〈98쪽 참조〉

    웨이브트렌드는 저가 매수에 유용한 지표입니다. 다른 전략과 조합
하고 싶다면, '주봉 볼린저 하단돌파'와 조합해서 사용해보시기 바랍니다.
아래는 조합된 파워종목검색 화면입니다.

    뒤에 소개하는 트리플 볼린저밴드는 주봉에 적용했으나, 여기 조합
에서는 일봉에 적용했습니다. 이런 식으로 변경하여 응용하려면 지표에
대한 장단점을 잘 알고 있어야 합니다. 열심히 공부해야 하는 이유입니다.

A	[순위 검색] 설정조건에서 [거래량] [상위] 순으로 [100] 종목검색
B	[순위 검색] 설정조건에서 [거래대금] [상위] 순으로 [100] 종목검색
C	[가격대별 주가] 가격대 [1,000] ~ [50,000]
D	[전일 동시간대비 거래량 비율] 거래량비율 [200] % 이상 [9,999,999] % 이하
E	[주봉 볼린저 하단 돌파(20,2)] 검색에 필요한 최소기간:[100] 봉 기준봉:[0] 사용데이터:일봉
F	[웨이브트렌드(10,21)] 검색에 필요한 최소기간:[100] 봉 기준봉:[0] 사용데이터:일봉

조건식 (A OR B)   AND C AND D and(E or F)

 **사용자 검색조건** ▼   검   색 ▼ 종목 불러오기 │ 종목 내보내기 │ 설정 ☑ ⊙ ⁑ ✦ ✦

☑	종목명(1)	종목코드	현재가	✦ 전일대비(%)	거래량	시가
☑	(Q) 케이엔알시스템	199430	18,690	0 (0.00)	0	

상세한 지표 사용법은 아래 대박주식연구소 영상을 활용하시면 됩니다.

대박주식연구소 강의영상

웨이브 트렌드(WaveTrend Oscillator) / 트레이딩뷰 커뮤니티
스크립트 TOP4 / 신호와 지표설정 및 조건검색식

https://youtu.be/qjjTa2WzSKw

02

AK MACD BB INDICATOR[Algokid]

네이버나 구글 등 검색엔진에서 트레이딩뷰(https://kr.tradingview.com/)라고 검색해서 홈페이지로 접속합니다.

프로덕트 → 슈퍼차트를 클릭합니다.

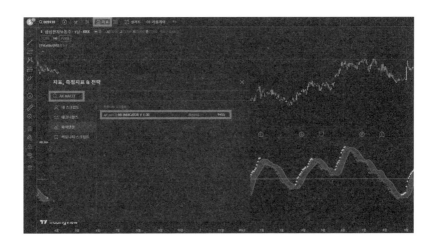

지표를 선택하고 검색창 AK MACD BB를 입력합니다. AK MACD BB INDICATOR V 1.00을 선택합니다.

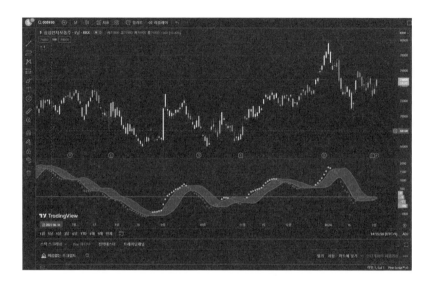

AK MACD BB INDICATOR는 트레이딩 전략을 개선하고 수익성을 높이는 데 도움을 주는 강력한 기술 분석 지표입니다.

이 지표는 MACD(Moving Average Convergence Divergence)와 볼린저밴드 (Bollinger Bands, BB)라는 두 가지 인기 지표를 결합하여 시장 추세, 변동성, 매매 신호를 더욱더 효과적으로 파악하도록 설계되었습니다.

AK MACD BB INDICATOR의 구성 요소는 두 개입니다.

하나, MACD는 두 개의 이동평균선의 차이를 사용하여 추세의 방향과 강도를 나타내는 지표입니다.

둘, 볼린저밴드는 이동평균선을 기반으로 설정되는 상단 및 하단 밴드로, 시장 변동성을 나타냅니다.

AK MACD BB INDICATOR는 MACD 라인과 볼린저밴드의 상호 작용을 통해 매매 신호를 제공합니다.

매수 신호는 MACD 라인이 0 위에 있고 볼린저밴드의 상단 밴드를 위로 돌파할 때, 매도 신호는 볼린저밴드의 상단 밴드를 아래로 돌파할 때입니다.

AK MACD BB INDICATOR의 장점입니다.

첫째, (향상된 정확성) MACD와 볼린저밴드의 장점을 결합하여 더 정확한 매매 신호를 제공합니다.

둘째, (다양한 시장 상황 적용) 추세 시장, 변동성 시장 등 다양한 시장 상황에서 유용하게 활용할 수 있습니다.

셋째, (시각적 직관성) MACD 라인과 볼린저밴드를 통해 시장 상황을 시각적으로 직관적으로 파악할 수 있습니다.

넷째, (사용 편의성) 트레이딩뷰에서 손쉽게 사용할 수 있는 지표입니다.

AK MACD BB INDICATOR의 활용 전략입니다.

첫째, (추세 파악) MACD 라인의 기울기와 방향을 통해 추세의 방향과 강도를 파악할 수 있습니다.

둘째, (매매 타이밍) MACD 라인과 볼린저밴드의 상호 작용을 통해 매수 및 매도 타이밍을 결정할 수 있습니다.

셋째, (지지/저항 수준) 볼린저밴드의 밴드를 지지/저항 수준으로 활용할 수 있습니다.

넷째, (역발상 전략) 볼린저밴드의 외곽에서 가격 반전 가능성을 예상하여 거래 전략을 수립할 수 있습니다.

❶ 키움증권 수식관리자 기술적 지표 생성

키움증권 수식관리자 → 기술적지표에서 지표를 만들어보겠습니다.

0600 키움종합차트에서 마우스 우클릭을 합니다.

아무도 가르쳐주지 않는 주식 자동매매

수식관리자를 클릭합니다.

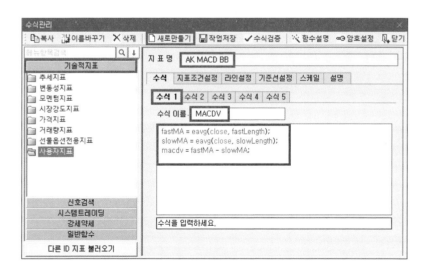

기술적지표를 클릭하고 새로만들기를 눌러줍니다. 지표명은 "AK MACD BB"라고 적습니다. 수식1을 눌러 수식 이름을 "MACDV"라고 적습니다.

아래 수식을 공란에 입력합니다.

```
fastMA = eavg(close, fastLength);
slowMA = eavg(close, slowLength);
macdv = fastMA - slowMA;
```

이동평균 간의 차이를 계산하여 MACD를 구하는 공식입니다.

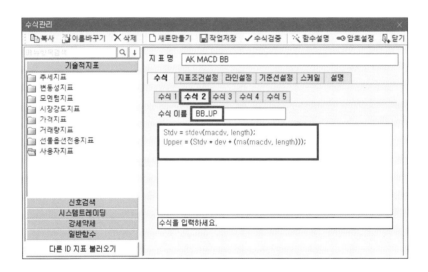

수식2를 눌러서 수식 이름을 BB_UP이라 입력합니다.

아래 수식을 공란에 입력합니다.

```
Stdv = stdev(macdv, length);
Upper = (Stdv * dev + (ma(macdv, length))));
```

수식1의 MACDV를 이동평균하여 표준편차를 더해서 볼린저밴드 상단선을 만드
는 수식입니다.

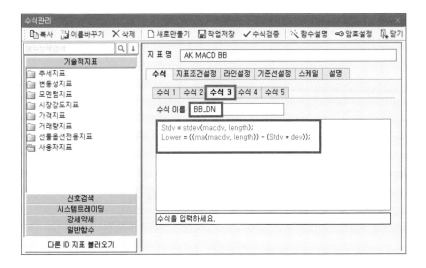

수식3를 눌러서 수식 이름을 BB_DN이라 입력합니다.

아래 수식을 공란에 입력합니다.

```
Stdv = stdev(macdv, length);
Lower = ((ma(macdv, length)) - (Stdv * dev));
```

수식1의 MACDV를 이동평균하여 표준편차를 차감하여 볼린저밴드 하단선을 만

드는 수식입니다.

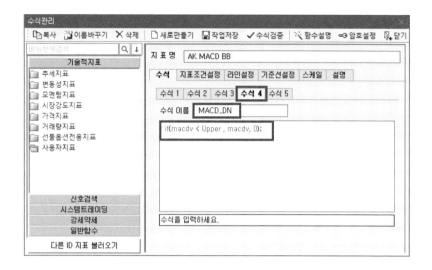

수식4를 눌러서 수식 이름을 MACD_DN이라고 입력합니다.

MACD가 볼린저밴드 상단선 밑에 있을 때 파란색 원을 나타내는 수식입니다.

아래 수식을 공란에 입력합니다.

if(macdv < Upper , macdv, 0);

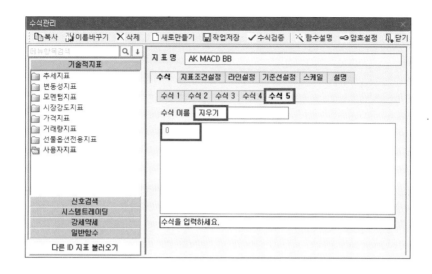

수식5를 눌러서 수식 이름을 "지우기"라고 입력하고 아래 공란에 0을 입력합니다.
앞의 수식4에서 MACD가 볼린저밴드 상단선 밑에 있을 때는 파란색 원이 나타나
지만, 볼린저밴드 상단선 위에 있을 때는 0에 파란색 선이 나타납니다. 이 0에 걸
쳐있는 파란색 선을 지워내는 수식입니다.

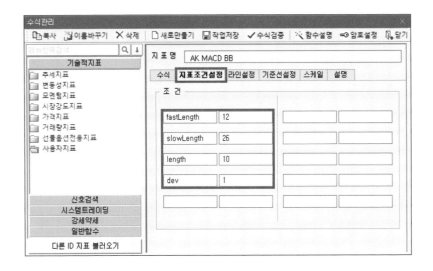

지표조건설정을 클릭하여 fastLength 12 / slowLength 26 / length 10 / dev 1을 입력합니다.

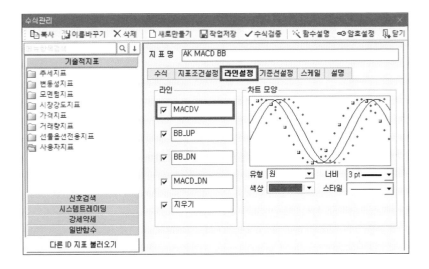

라인설정을 눌러서 MACDV의 체크를 확인하고 유형을 원 / 색상은 빨간색 / 너비는 3PT / 스타일은 직선으로 설정합니다.

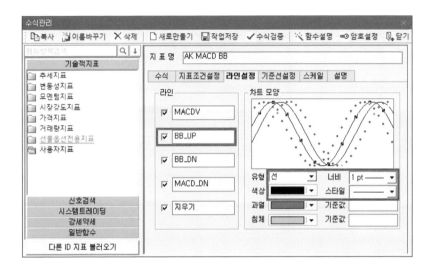

BB_UP의 체크를 확인하고 유형을 선 / 색상은 검정색 / 너비는 1PT / 스타일은 직선으로 설정합니다.

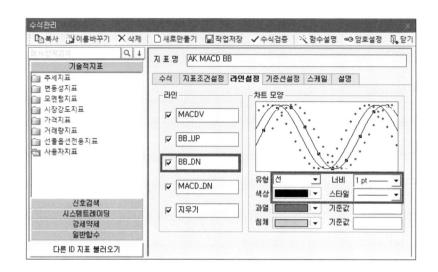

BB_DN의 체크를 확인하고 유형을 선 / 색상은 검정색 / 너비는 1PT / 스타일은
직선으로 설정합니다.

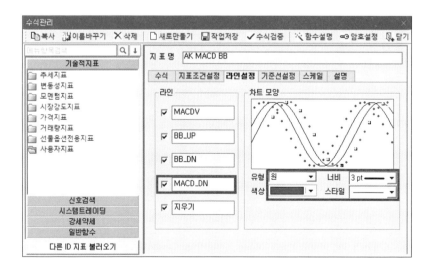

MACD_DN의 체크를 확인하고 유형을 원 / 색상은 파란색 / 너비는 3PT / 스타일은 직선으로 설정합니다.

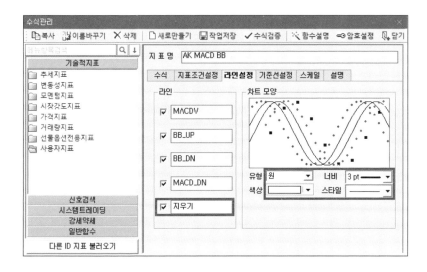

지우기의 체크를 확인하고 유형을 원 / 색상은 흰색 / 너비는 3PT / 스타일은 직선으로 설정합니다.

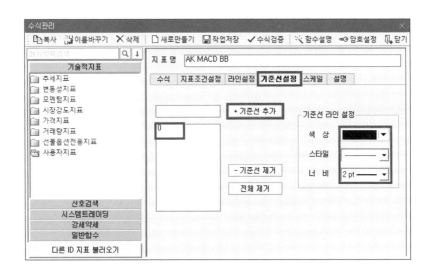

기준선설정을 클릭하여 0 기준선을 추가하고 색상은 검정색 / 너비는 2PT / 스타일은 직선으로 설정합니다.

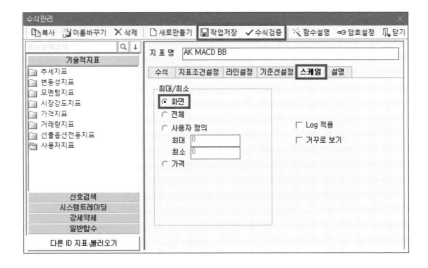

스케일을 클릭하여 "화면"으로 선택합니다. 그런 다음 "수식검증"을 하고 이상이

아무도 가르쳐주지 않는 주식 자동매매

없다면 "작업저장"을 눌러줍니다.

이제 차트 화면에 적용해보도록 하겠습니다. 저장된 AK MACD BB를 불러내 보겠습니다.

좌측 상단의 좌측메뉴 보이기/감추기 버튼을 눌러줍니다.

기술적지표를 선택하셔서서 방금 저장했던 AK MACD BB를 클릭합니다.

오른쪽 차트에 AK MACD BB가 잘 나오는 것을 확인할 수 있습니다.

❷ 예스트레이더 6109 예스랭귀지 작성

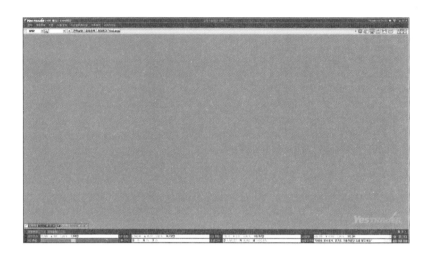

예스트레이더 메인화면입니다.

왼쪽 상단의 검색창에 6109를 입력합니다. 그럼 예스랭귀지 편집기로 갑니다.

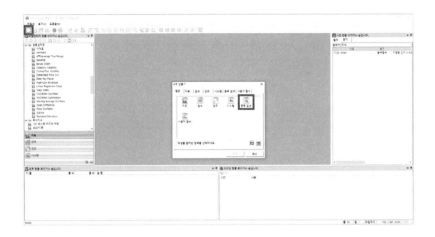

좌측 상단 아이콘을 누르거나 (CTRL+N)을 누릅니다. 그러면 중앙의 그림처럼 창이 뜹니다. 종목검색을 선택하여 클릭하고 확인을 누릅니다(더블클릭해도 됩니다.).

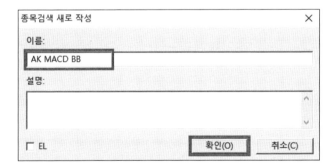

이름을 "AK MACD BB"라고 입력하고 확인을 누릅니다.

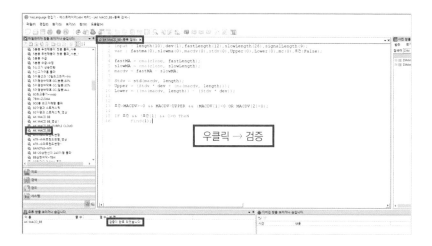

아래 수식을 입력해 줍니다.

```
input : length(10),dev(1),fastLength(12),slowLength(26),signalLength(9);
var : fastma(0),slowma(0),macdv(0),stdv(0),Upper(0),Lower(0),mc(0),조건
(False);

fastMA = ema(close, fastLength);
slowMA = ema(close, slowLength);
macdv = fastMA - slowMA;

Stdv = std(macdv, length);
Upper = (Stdv * dev + (ma(macdv, length)));
Lower = ((ma(macdv, length)) - (Stdv * dev));

조건=MACDV >=0 && MACDV>UPPER && (MACDV[1]<0 OR
MACDV[2]<0);

IF 조건 && !조건[1] && C>O TheN
     Find(1);
```

아무도 가르쳐주지 않는 주식 자동매매

수식은 아래 경로에서 복사하여 사용하면 됩니다.

https://daebakstocks.modoo.at/?link=dpv9zx0x&messageNo=1
1&mode=view

수식을 입력한 후 화면에서 우클릭하시고 맨 위에 "검증"을 눌러줍니다. 아래 창에
'검증이 완료되었습니다'가 뜨면 수식에 에러가 없다는 것입니다.

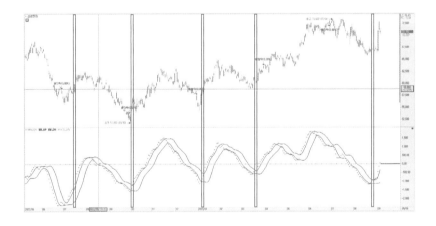

삼성전자 일봉입니다. 빨간색 네모처럼 AK MACD BB의 붉은색 점이 검은색 볼
린저밴드 상단선을 돌파할 때가 타점인 것을 알 수 있습니다.

속임수를 방지하기 위해 수식에서는 0선 이상에 있을 때(MACDV >=0) 조건을 더
넣었습니다. 이것은 본인의 매매 방식에 따라 넣어도 되고 빼도 됩니다.

위 그림과 같은 타점을 원하실 경우 아래와 같이 사용해도 됩니다.

조건=MACDV)UPPER;

이것을 예스트레이더에서 수식으로 만든 것입니다. 마찬가지로 이 지표 단독으로
사용하는 것은 위험합니다. 다른 보조지표와 병행해서 사용해야 합니다.

❸ 예스트레이더 3202 파워종목검색식 작성

다음으로 메인화면 왼쪽 상단의 검색창에 3202를 입력하고 엔터를 치면 "파워종
목검색"이 뜹니다.

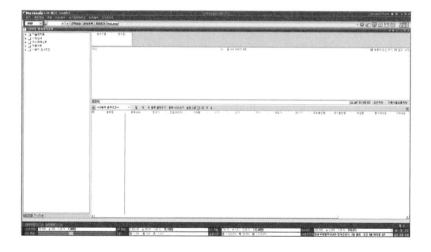

앞의 예스트레이더 자동매매 부분과 상당히 중복되는 부분이 있습니다. 조건 A부
터 D까지는 앞 92쪽을 참고하시기 바랍니다.
순위검색은 100종목으로 했습니다. 이것은 나오는 종목 수에 따라 변경해서 사용
하시면 됩니다.

아무도 가르쳐주지않는 주식 자동매매

좌측상단의 "기술적지표"안에 조금전 저장된 "AK MACD BB"를 찾아 클릭하면
됩니다. 마지막 E조건은 조금 전에 6109 예스랭귀지에서 작성한 "AK MACD BB"
를 불러옵니다.

기술적지표에 있는 "AK MACD BB"를 추가해서 검색에 필요한 최소기간을 예스트
레이더에서 권장하는 500봉으로 설정합니다. 일봉을 선택하고 추가하면 됩니다.

(A OR B) AND C AND D AND E

조건검색식이 완성되었습니다. 다른 이름으로 저장을 누르면 사용자 검색조건 안
에 저장이 됩니다.

검색을 누르시면 검색된 종목이 보입니다.

파워종목 검색이 완성되면 자동매매로 연결할 수 있습니다. 자동매매 방법은 앞에서 다루었습니다. 〈98쪽 참조〉

　　AK MACD BB를 다른 전략과 조합할 때는 수정된 코드를 사용하시기 바랍니다. 특히 3장에서 소개한 다바스 박스 상단돌파 지표와 잘 어울립니다.

　　6109 예스랭귀지에서 아래 코드를 사용하여 차례대로 새로 만들기, 검증, AK MACD BB 뒤에 '수정' 자만 붙여 새로 저장한 뒤 3202 파워종목검색에 추가해서 사용하시면 됩니다.

　　다시 말해, 'AK MACD BB_수정'은 0 기준선 이상 조건을 뺀 BB 밴드 상단에 MACD가 있다는 조건만 추가한 것으로, AK MACD BB를 다른 전략과 조합해서 쓰고자 할 때 추가하고, 표준양식에 단독으로 사용하시려면 처음 소개한 AK MACD BB를 그대로 쓰시기 바랍니다.

```
input : length(10),dev(1),fastLength(12),slowLength(26),signalLength(9);
var : fastma(0),slowma(0),macdv(0),stdv(0),Upper(0),Lower(0),mc(0),조건
(False);
```

　아무도 가르쳐주지 않는 주식 자동매매

```
fastMA = ema(close, fastLength);
slowMA = ema(close, slowLength);
macdv = fastMA - slowMA;

Stdv = std(macdv, length);
Upper = (Stdv * dev + (ma(macdv, length)));
Lower = ((ma(macdv, length)) - (Stdv * dev));

조건=MACDV>UPPER;

IF 조건 && !조건[1] && C>O TheN
    Find(1);
```

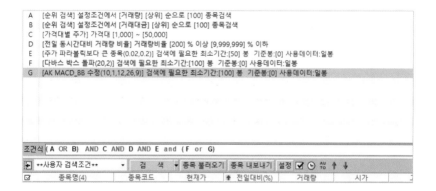

상세한 지표 사용법은 아래 대박주식연구소 영상을 활용하시면 됩니다.

대박주식연구소 강의영상
"AK MACD BB 지표(트레이딩뷰)"
https://youtu.be/8MpSDSThfu8

Triple Bollinger Bands [TimeFliesBuy]

네이버나 구글 등 검색엔진에서 트레이딩뷰(https://kr.tradingview.com/)라고 검색해서 홈페이지로 접속합니다.

프로덕트 → 슈퍼차트를 클릭합니다.

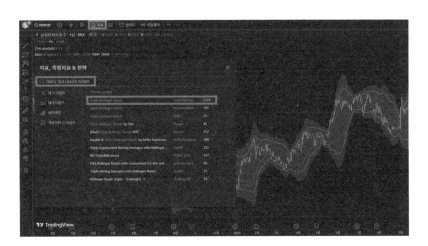

지표를 선택하고 검색창 Triple Bollinger Bands를 입력합니다.

Triple Bollinger Bands [TimeFliesBuy]를 선택합니다.

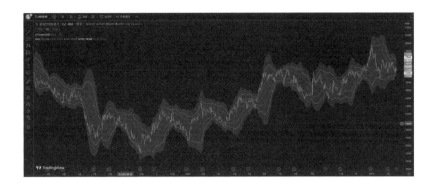

앞에서도 등장한 볼린저밴드란 무엇일까요?

볼린저밴드(Bollinger Bands)는 1980년대 투자 전문가 '존 볼린저'가 고안한 보조지표입니다. 이동평균선을 기준으로 주가가 어느 정도 멀어져 있는지를 파악하게 해주는 지표로, 일정 기간의 주가 변동성을 파악할 수 있습니다.

차트 투자에서 가장 많이 사용되는 지표 중 하나인 만큼, 대중적이고 활용성이 좋습니다.

볼린저밴드는 일반적으로 3개의 선으로 구성됩니다.

볼린저밴드(20,2)가 설정된 일봉 차트

중심선(단순 이동평균선)

상부 밴드선(단순 이동평균선+2*표준편차)

하부 밴드선(단순 이동평균선-2*표준편차)

위 차트에서 주가를 감싸는 2개의 선이 상부 밴드선, 하부 밴드선이며, 주가 중심의 선이 단순 이동평균선입니다. 상하부 밴드선은 중심선인 이동평균선에 표준편차를 더하거나 빼서 구성합니다.

표준편차란 집단의 평균 수치에서 얼마나 멀어져 있는지(분산)를 말하고 일반적으로 20일 이동평균선, 표준편차 2로 설정한 볼린저밴드는 95.45%의 확률로 주가가 볼린저밴드 사이에서 움직임을 뜻합니다. 즉, 볼린저밴드 내에서 주가가 벗어날 확률이 약 5%라는 뜻입니다.

표준편차 3으로 설정한 볼린저밴드는 99.73%의 확률로 주가가 볼린저밴드 사이에서 움직이고 볼린저밴드 내에서 주가가 벗어날 확률은 0.27%라는 뜻입니다. 거의 모든 주가의 움직임이 밴드 안에서 이루어진다는 것입니다.

일반적으로 증권사의 볼린저밴드는 상하단 밴드가 각각 1개씩만 존재해서 5% 확률로 벗어나는 주가의 지지와 저항을 한눈에 보기가 어렵습니다.

그럼 Triple Bollinger Bands란 무엇일까요?

Triple Bollinger Bands는 기존 볼린저밴드 개념을 확장하여 세 개의 표준편차 밴드를 추가하는 기술지표입니다.

기본 밴드(±1σ) 외에 추가되는 밴드는 '±2σ와 ±3σ'입니다. 이를 통

아무도 가르쳐주지 않는 주식 자동매매

해 시장 변동성에 대한 더욱 심층적인 분석이 가능해지며, 다양한 트레이딩 전략 개발에 활용될 수 있습니다. 다시 말해, 99.73% 확률로 주가가 밴드 내에 존재하기 때문에 지지와 저항을 명확히 알 수가 있습니다.

Triple Bollinger Bands의 장점입니다.

첫째, 기존 볼린저밴드보다 더 넓은 범위의 변동성을 파악하여 시장 상황에 대한 더욱 정확한 이해를 제공합니다

둘째, 추가된 밴드를 활용하여 다양한 트레이딩 전략을 개발하고 적용할 수 있습니다.

셋째, 변동성 변화에 대한 빠른 감지와 적응을 통해 변동성이 큰 시장에서도 효과적인 트레이딩이 가능합니다.

Triple Bollinger Bands는 이렇게 활용합니다.

첫째, (변동성 기반 트레이딩 전략)

±2σ 밴드는 강력한 지지 및 저항 수준으로 활용합니다.

±3σ 밴드는 극단적인 변동성 상황을 파악하고 과매수/과매도를 판단합니다.

(밴드 폭 변화) 변동성 확대/축소를 통한 트렌드 방향을 예측합니다.

둘째, (변동성 돌파 전략)

밴드 폭 수렴 후 돌파하면, 변동성 확대와 함께 발생하는 강력한 추세를 포착할 수 있습니다.

밴드 상하단 돌파하면, 극단적인 변동성 상황에서 발생하는 반전 기회를 포착할 수 있습니다.

셋째, (변동성 밴드 채널 전략)

밴드 내 가격 움직임은 횡보 시장에서 발생하는 범위 거래 전략으로 사용할 수 있습니다.

밴드 상하단 전략은 밴드 상하단에서 발생하는 반등/반전 기회를 포착하는 것입니다.

 실전 적용 예시

1. 강력한 지지/저항 수준 활용

주식 A의 경우, ±2σ 밴드가 강력한 지지 및 저항 수준 역할을 하는 것을 확인할 수 있습니다. 가격이 밴드 상단에 도달하면 매도 신호, 하단에 도달하면 매수 신호로 활용하여 수익 창출 기회를 포착할 수 있습니다.

2. 변동성 돌파 전략 활용

주식 B의 경우, 밴드 폭 수렴 후 돌파 전략을 활용하여 성공적인 매수를 수행했습니다. 변동성이 축소된 후 밴드 상단 돌파는 강력한 추세 발생을 의미하며, 이를 통해 수익을 극대화할 수 있습니다.

3. 변동성 밴드 채널 전략 활용

주식 C의 경우, 변동성 밴드 채널 전략을 활용하여 횡보 시장에서 안정적인 수익을 창출했습니다. 밴드 내 가격 움직임을 기반으로 매매 신호를 도출하여 낮은 리스크와 안정적인 수익을 추구할 수 있습니다.

Triple Bollinger Bands는 기존 볼린저밴드보다 더욱 강력하고 유연한 기술 지표입니다. 변동성에 대한 심층 분석과 다양한 트레이딩 전략 활용을 통해 변동성이 큰 시장에서도 성공적인 트레이딩을 가능하게 합니다.

아무도 가르쳐주지 않는 주식 자동매매

❶ 키움증권 수식관리자 기술적 지표 생성

키움증권 수식관리자 → 기술적지표에서 지표를 만들어보겠습니다.

0600 키움종합차트에서 마우스 우클릭을 합니다.

수식관리자를 클릭합니다.

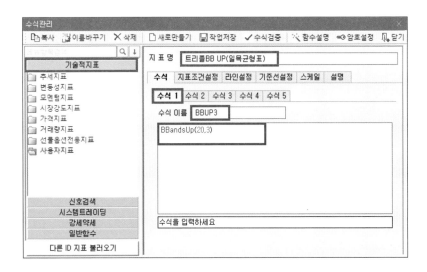

아무도 가르쳐주지 않는 주식 자동매매

기술적지표를 클릭하고 새로만들기를 눌러줍니다. 지표명에 "트리플BB UP(일목균형표)"를 입력합니다.

키움에서 음영을 나타내기 위해서는 제목에 "일목균형표"라는 단어가 반드시 들어가야 합니다. 그리고 수식4와 수식5에 음영을 위한 수식을 입력하셔야 합니다.

수식1에 수식 이름 "BBUP3"을 입력합니다. 밑에 있는 공란에 BBandsUp(20,3)을 입력합니다. 이는 볼린저밴드 20봉 이동평균인 중심선에 표준편차 3을 더해서 상한선을 만든다는 뜻입니다.

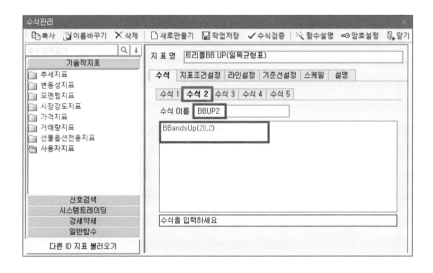

다음은 수식2 탭을 클릭합니다. 수식 이름은 "BBUP2"를 입력합니다. 밑에 있는 공란에 BBandsUp(20,2)를 입력합니다. 이는 볼린저밴드 20봉 이동평균인 중심선에 표준편차 2를 더해서 상한선을 만든다는 뜻입니다.

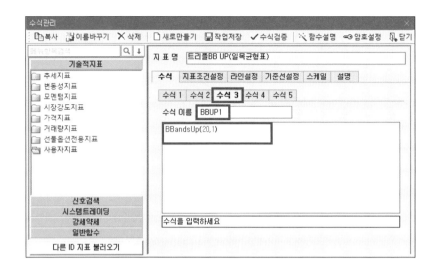

다음은 수식3 탭을 클릭합니다. 수식 이름은 "BBUP1"을 입력합니다. 밑에 있는 공란에 BBandsUp(20,1)을 입력합니다. 이는 볼린저밴드 20봉 이동평균인 중심선에 표준편차 1을 더해서 상한선을 만든다는 뜻입니다.

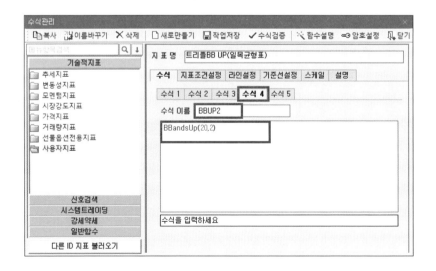

아무도 가르쳐주지 않는 주식 자동매매

수식4에는 표준편차 2와 3 사이에 음영을 만들기 위해서 입력하는 곳입니다. 그다음은 수식4 탭을 클릭합니다. 앞에서 입력하였던 수식 이름을 한 번 더 "BBUP2"라고 입력합니다. 밑에 있는 공란에 BBandsUp(20,2)를 입력합니다.

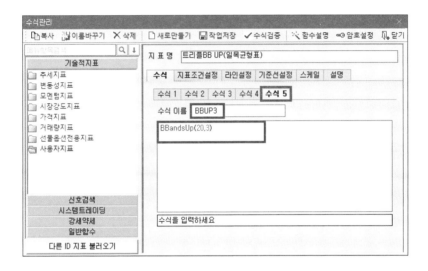

수식5에는 표준편차 2와 3 사이에 음영을 만들기 위해서 입력하는 곳입니다. 그다음은 수식5 탭을 클릭합니다.

앞에서 입력하였던 수식 이름을 한 번 더 "BBUP3"이라고 입력합니다. 밑에 있는 공란에 BBandsUp(20,3)을 입력합니다.

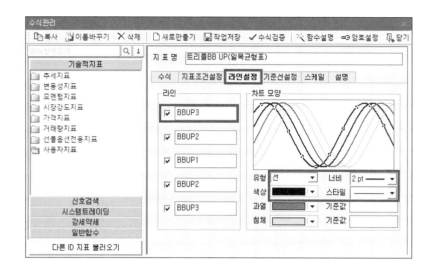

BBUP3의 체크를 확인하고 유형을 선 / 색상은 검정색 / 너비는 2PT / 스타일은

직선으로 설정합니다.

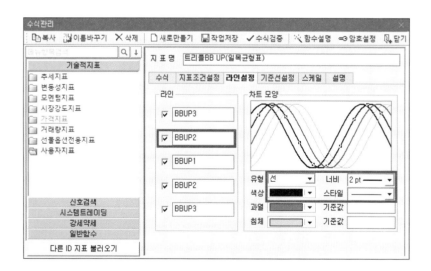

아무도 가르쳐주지 않는 주식 자동매매

BBUP2의 체크를 확인하고 유형을 선 / 색상은 검정색 / 너비는 2PT / 스타일은
직선으로 설정합니다.

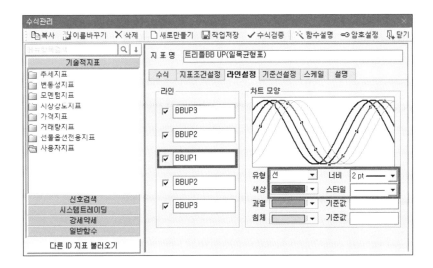

BBUP1의 체크를 확인하고 유형을 선 / 색상은 빨간색 / 너비는 2PT / 스타일은
직선으로 설정합니다.

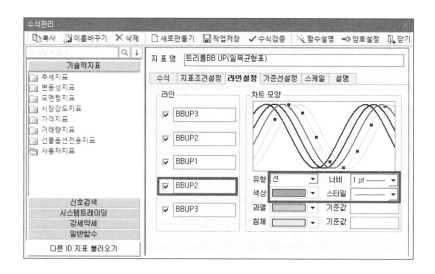

이제 음영을 넣는 곳입니다. BBUP2의 체크를 확인하고 유형을 선 / 색상은 장미 / 너비는 1PT / 스타일은 직선으로 설정합니다.

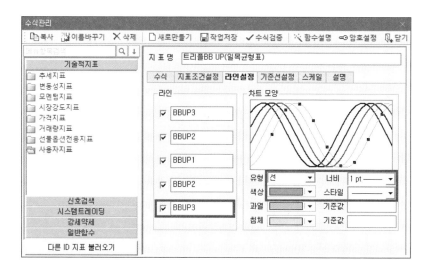

아무도 가르쳐주지 않는 주식 자동매매

BBUP3의 체크를 확인하고 유형을 선 / 색상은 장미 / 너비는 1PT / 스타일은
직선으로 설정합니다.

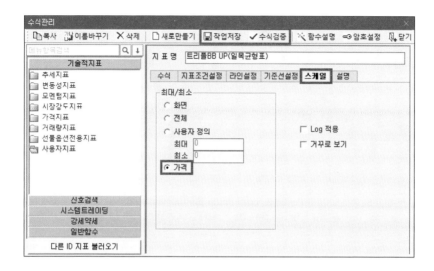

스케일 탭을 누르고 "가격" 선택합니다. 이제 수식검증 → 작업저장을 눌러서 저
장합니다.

트리플 볼린저밴드 상한선을 만들었습니다. 이제 하단선을 만들어보겠습니다. 키
움증권 수식관리자 → 기술적지표에서 하단선 지표를 만들어보겠습니다.

마우스 우클릭

0600 키움종합차트에서 우클릭을 합니다.

아무도 가르쳐주지 않는 주식 자동매매

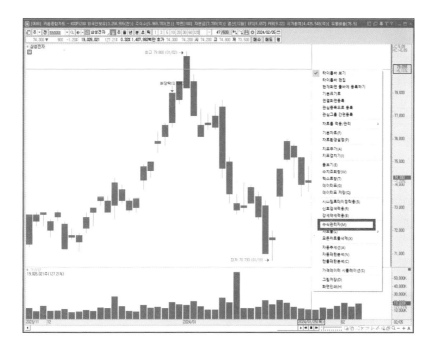

수식관리자를 클릭합니다.

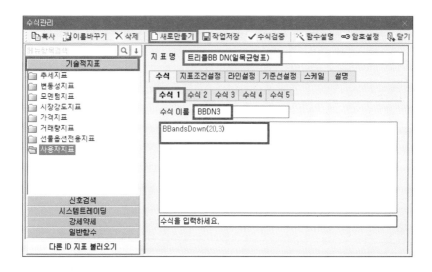

기술적지표를 클릭하고 새로만들기를 눌러줍니다. 지표명을 "트리플BB DN(일목균형표)"라고 입력합니다.

키움에서 음영을 나타내기 위해서는 제목에 "일목균형표"라는 단어가 반드시 들어가야 합니다. 그리고 수식4와 수식5에 음영을 위한 수식을 입력하셔야 합니다.

수식1에 수식 이름 "BBDN3"를 입력합니다. 밑에 있는 공란에 BBandsDown(20,3)을 입력합니다.

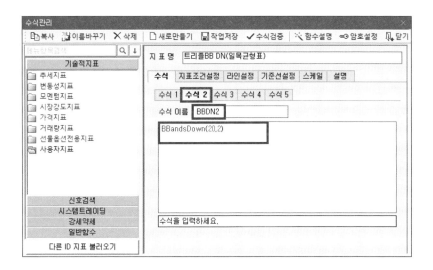

수식2에 수식 이름 "BBDN2"를 입력합니다. 밑에 있는 공란에 BBandsDown(20,2)을 입력합니다.

아무도 가르쳐주지 않는 주식 자동매매

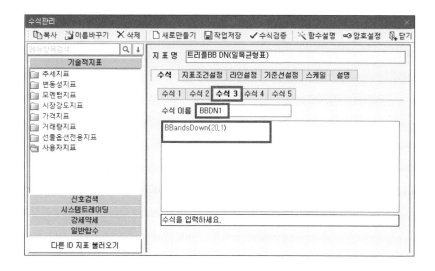

수식3에 수식 이름 "BBDN1"를 입력합니다. 밑에 있는 공란에 BBandsDown(20,1)
을 입력합니다.

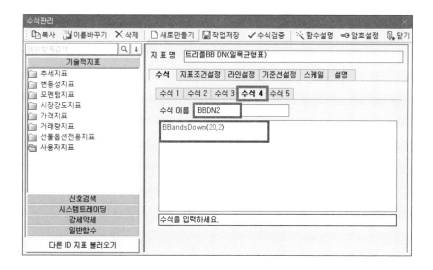

수식4에는 표준편차 2와 3 사이에 음영을 만들기 위해서 입력하는 곳입니다. 그다음은 수식4 탭을 클릭합니다. 수식 이름 "BBDN2"를 입력합니다. 밑에 있는 공란에 BBandsDown(20,2)을 입력합니다.

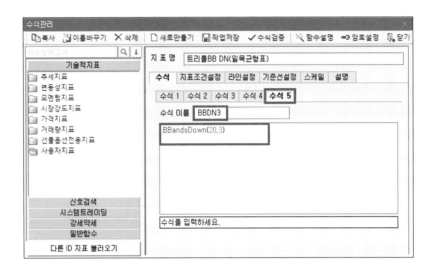

수식5에는 표준편차 2와 3 사이에 음영을 만들기 위해서 입력하는 곳입니다. 다음은 수식5 탭을 클릭합니다. 수식 이름 "BBDN3"를 입력합니다. 밑에 있는 공란에 BBandsDown(20,3)을 입력합니다.

아무도 가르쳐주지 않는 주식 자동매매

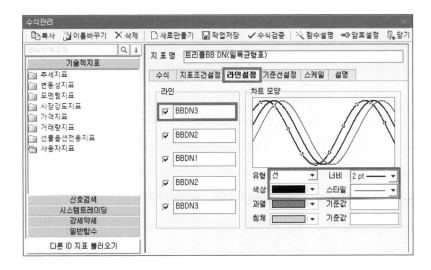

라인설정 탭을 선택합니다.

BBDN3의 체크를 확인하고 유형을 선 / 색상은 검정색 / 너비는 2PT / 스타일은

직선으로 설정합니다.

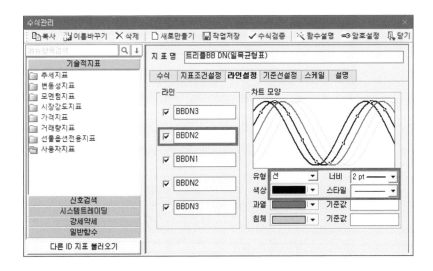

BBDN2의 체크를 확인하고 유형을 선 / 색상은 검정색 / 너비는 2PT / 스타일은 직선으로 설정합니다.

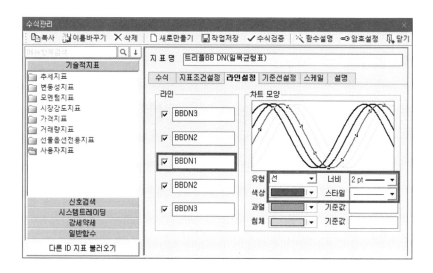

BBDN1의 체크를 확인하고 유형을 선 / 색상은 파란색 / 너비는 2PT / 스타일은 직선으로 설정합니다.

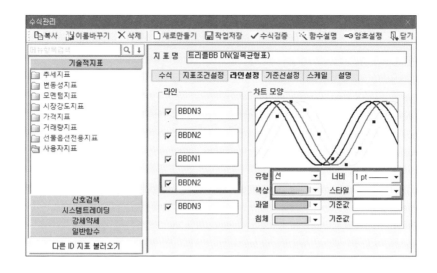

이제 음영을 넣는 곳입니다. BBDN2의 체크를 확인하고 유형을 선 / 색상은 탁한

파랑 / 너비는 1PT / 스타일은 직선으로 설정합니다.

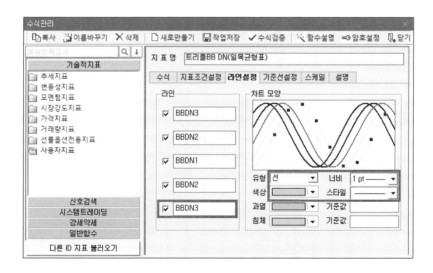

BBDN3의 체크를 확인하고 유형을 선 / 색상은 탁한 파랑 / 너비는 1PT / 스타

일은 직선으로 설정합니다.

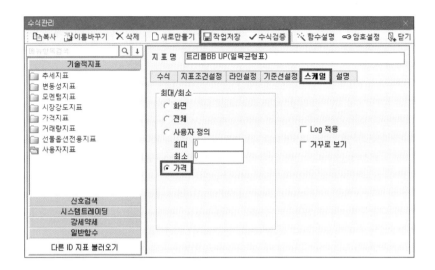

스케일 탭을 누르고 "가격"을 선택합니다. 이제 수식검증 --〉 작업저장을 눌러서

저장합니다. 트리플 볼린저밴드 하한선을 만들었습니다. 이제 마지막으로 중심선

을 만들어 보겠습니다.

아무도 가르쳐주지 않는 주식 자동매매

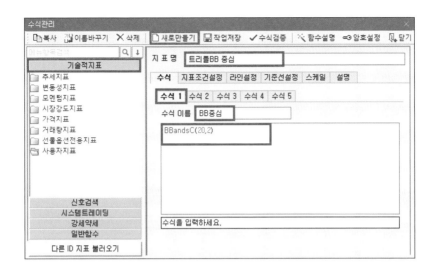

기술적지표를 클릭하고 새로만들기를 눌러줍니다. 지표명을 "트리플BB 중심"이라고 입력합니다. 수식1에 수식 이름 "BB중심"을 입력합니다. 밑에 있는 공란에 BBandsC(20,2)을 입력합니다.

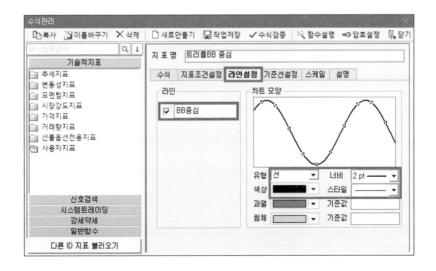

라인설정 탭을 선택합니다.

BB중심의 체크를 확인하고 유형을 선 / 색상은 검정색 / 너비는 2PT / 스타일은
직선으로 설정합니다.

이제 수식검증 → 작업저장을 눌러서 저장합니다. 트리플 볼린저밴드 중심선을 만들
었습니다. 이제 모든 설정을 마무리하였습니다. 저장된 지표를 불러내 보겠습니다.

좌측 상단의 좌측메뉴 보이기/감추기 버튼을 눌러줍니다.

기술적지표를 클릭하고 방금 저장된 트리플BB UP(일목균형표)를 클릭합니다. 트
리플 볼린저밴드 상단선이 오른쪽 차트 화면에 설정되었습니다.

이제 하단선을 불러내 보겠습니다.

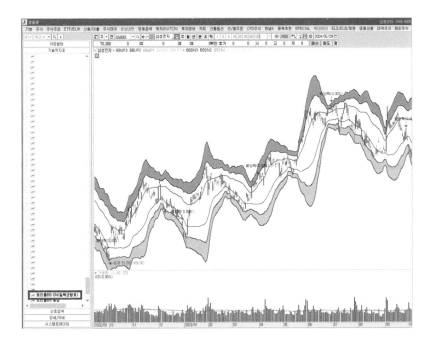

트리플BB DN(일목균형표)를 클릭합니다.

트리플 볼린저밴드 하단선이 오른쪽 차트화면에 설정되었습니다.

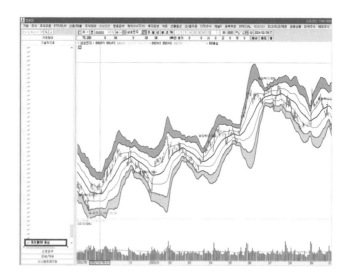

트리플BB 중심을 클릭합니다.

트리플 볼린저밴드 중심선이 오른쪽 차트화면에 설정되었습니다.

이제 트리플 볼린저밴드가 완성되었습니다. 지지와 저항의 구분이 명확해졌습니다.

위 그림처럼 음영이 아니라 빗금으로 보인다면, 빗금 부분을 더블클릭하면 '지표 조건설정'을 클릭합니다. 아랫부분에 '구름대 영역 표시'에 체크하고 채우기 선택 후 확인을 누르면 됩니다.

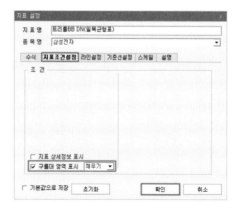

아무도 가르쳐주지 않는 주식 자동매매

❷ 예스트레이더 6109 예스랭귀지 작성

다음은 이 지표를 이용하여 예스트레이더에서 활용하는 방법을 알아보겠습니다.

키움증권에서는 이 지표가 지원되지 않기 때문에 검색식으로 만들 수가 없습니다.

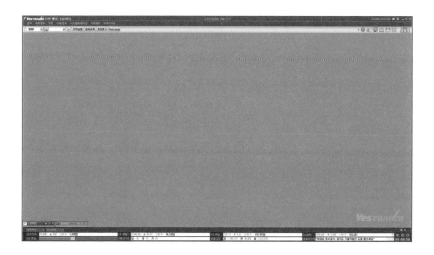

예스트레이더 메인화면입니다.

왼쪽 상단의 검색창에 6109를 입력합니다. 그럼 예스랭귀지 편집기로 갑니다.

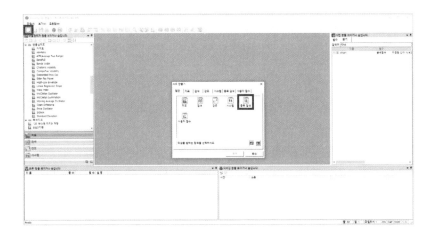

좌측 상단 아이콘을 누르거나 (CTRL+N)을 누릅니다. 그러면 중앙의 그림처럼 창이 뜹니다. 종목검색을 선택하여 클릭하고 확인을 누릅니다(더블클릭해도 됩니다.).

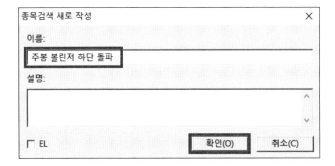

이름을 "주봉 볼린저 하단 돌파"라고 입력하고 확인을 누릅니다.

아무도 가르쳐주지 않는 **주식 자동매매**

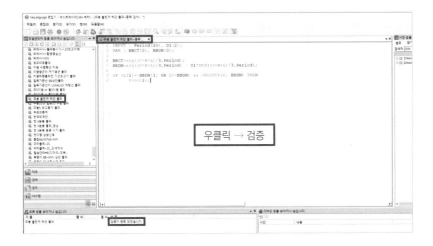

아래 수식을 입력해 줍니다.

INPUT : Period(20), D1(2);
VAR : BBCT(0), BBDN(0);

BBCT=MA((C+H+L)/3,Period);
BBDN=MA((C+H+L)/3,Period) - D1*std((C+H+L)/3,Period);

IF (L[1]<=BBDN[1] OR L<=BBDN) && CROSSUP(C, BBDN) THEN
    Find(1);

수식은 아래 경로에서 복사하여 사용하면 됩니다.

https://daebakstocks.modoo.at/?link=dpv9zx0x&messageNo=
12&mode=view

수식을 입력한 후 화면에서 우클릭하시고 맨 위에 "검증"을 눌러줍니다. 아래 창에 '검증이 완료되었습니다'가 뜨면 수식에 에러가 없다는 것입니다.

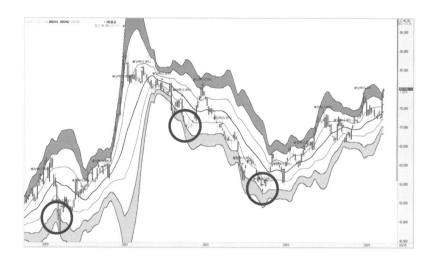

삼성전자 주봉입니다. 빨간색 원처럼 주봉의 저점이 파란색 음영 부분에 터치할 때가 타점인 것을 알 수 있습니다. 이것을 예스트레이더에서 수식으로 만든 것입니다. 물론 이 지표는 다른 보조지표와 병행해서 사용해야 합니다.

아무도 가르쳐주지 않는 주식 자동매매

❸ 예스트레이더 3202 파워종목검색식 작성

다음으로 메인화면 왼쪽 상단의 검색창에 3202를 입력하고 엔터를 치면 "파워종목검색"이 뜹니다.

앞의 예스트레이더 자동매매 부분과 상당히 중복되는 부분이 있습니다. 조건 A부터 D까지는 앞 92쪽을 참고하시기 바랍니다.

순위검색은 500종목으로 했습니다. 이것은 나오는 종목 수에 따라 변경해서 사용하시면 됩니다.

좌측 상단의 "기술적지표" 안에 조금 전 저장된 "주봉 볼린저 하단 돌파"를 찾아 클릭하면 됩니다.

마지막 E조건은 조금 전에 6109 예스랭귀지에서 작성한 "주봉 볼린저 하단 돌파"를 불러옵니다.

기술적지표에 있는 "주봉 볼린저 하단 돌파"를 추가해서 검색에 필요한 최소기간을 100봉에서 500봉 사이로 설정합니다. 주봉을 선택하고 추가하면 됩니다.(반드시 주봉을 선택하셔야 합니다.)

(A OR B) AND C AND D AND E

조건검색식이 완성되었습니다.

다른 이름으로 저장을 누르면 사용자 검색조건 안에 저장이 됩니다.

검색을 누르시면 검색이 되지만 주봉 볼린저 하단으로 내려오는 종목은 지금은 보이지 않습니다.

자동매매로 돌려놓으면 그런 종목이 검색되면 매수가 됩니다. 파워종목 검색이 완성되면 자동매매로 연결할 수 있습니다.

자동매매 방법은 앞에서 다루었습니다. 〈98쪽 참조〉

트리플 볼린저밴드 또한 웨이브트렌드와 조합으로 쓰면 좋습니다. 아래 그림을 참고해주세요.

상세한 지표 사용법은 아래 대박주식연구소 영상을 참고하시면 됩니다.

대박주식연구소 강의영상

Triple Bollinger Bands(트리플 볼린저밴드)

https://youtu.be/nPLiUQqtZ1Q

대박주식연구소

https://www.youtube.com/@songtong

대박차트연구소

https://www.youtube.com/@songtongChart

네이버 카페

https://cafe.naver.com/daebakstocks

네이버 블로그

https://blog.naver.com/songtong

아무도 가르쳐주지 않는 주식 자동매매

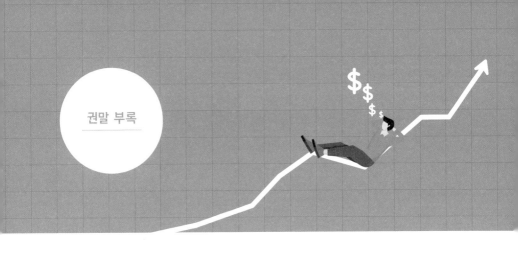

권말 부록

고급자 코스로 가는 조건검색식 5

❶ NADARAYA

NADARAYA 지표는 비모수적 평활 기법을 사용하여 가격 변동성을 측정하는 기술 지표입니다. 기본적으로 가격 데이터의 이동평균을 계산하지만, 일반적인 이동평균과 달리 가격 변화의 가중치를 부여하여 더 부드러운 곡선을 생성합니다.

① 주요 특징:

비모수적: 정규 분포와 같은 특정 데이터 분포를 가정하지 않습니다.

가중치 부여: 과거 가격 변화에 따라 가중치를 부여하여 최근 가격 변화에 더 많은 영향을 미치도록 합니다.

적응성: 시장 변동성에 따라 곡선의 부드러움을 자동으로 조절합니다.

다양한 변형: 다양한 가중치 함수를 사용하여 다양한 곡선 형태를 생성할 수 있습니다.

299

② 활용 방법:

추세 파악: 엔벨롭 상단과 하단 선을 이용하여 추세 방향을 파악할 수 있습니다.

매매 시점 도출: 엔벨롭 돌파 또는 반전을 매매 시점으로 활용할 수 있습니다.

지지선/저항선 설정: 엔벨롭 선을 지지선/저항선으로 활용할 수 있습니다.

변동성 측정: 엔벨롭 폭을 이용하여 시장 변동성을 측정할 수 있습니다.

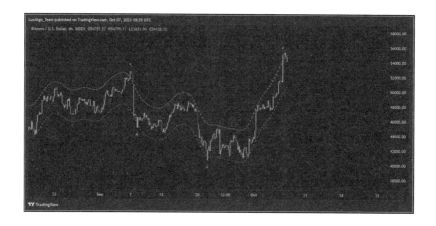

대박주식연구소 강의 영상

해외에서 HOT한 "Nadaraya" Watson Envelope

https://youtu.be/z-Jk2yxTEmg

아무도 가르쳐주지 않는 주식 자동매매

```
input : length(21),hh(8),mult(2),k(2);
var : src(0),n(0),tx(0),sume(0),i(0),j(0),y2(0),sum(0),sumw(0),w(0),mae(0);

src = Close;
n = barindex;

sume = 0;
for i = 0 to length-1
{
    sum = 0;
    sumw = 0;
    for j = 0 to length-1
    {
        w = exp(-(pow(i-j,2)/(hh*hh*2)));
        sum = sum+src[j]*w;
        sumw = sumw+w;
    }
    y2 = sum/sumw;
    sume = sume+abs(src[i] - y2);
}

mae = sume/length*mult;

if CrossUP(src,y2-mae) && src[1]<y2[1]-mae then
    Find(1);
```

❷ STC INDICATOR

STC(Schaff Trend Cycle) 인디케이터는 시장 트렌드를 식별하고 매수 및 매도 시그널을 제공하기 위해 널리 사용되는 기술적 분석 도구입니다

① MACD와 Stochastic Oscillator의 조합: STC는 Stochastic Oscillator의 계산에 MACD를 적용하여 가격 변동의 속도와 모멘텀에 대한 통찰력을 제공합니다.
② 트렌드 식별: STC는 0~100의 범위에서 움직입니다. 25 이하의 값은 과매도 영역을 나타내고 75 이상은 과매수 영역을 나타내는 잠재적 트렌드 반전 신호입니다.
③ 매수/매도 시그널: STC 라인이 25를 상향 교차할 때 매수 시그널이, 75를 하향 교차할 때 매도 시그널이 생성될 수 있습니다.

STC는 다른 지표와 함께 사용하여 트레이딩 결정을 내릴 때 더욱 효과적입니다.

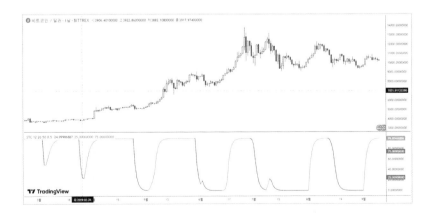

```
input : EEEEEE(12),BBBB(26),BBBBB(50),AAA(0.5);
var : mAAAAA(0),mColor(0),A(0);
var : BBBBBB(0);
var : CCC(0),CCCC(0),CCCCC(0);
var : DDD(0),DDDD(0),DDDDD(0),DDDDDD(0),EEEEE(0);

BBBBBB = macd(BBBB, BBBBB);

CCC = lowest(BBBBBB, EEEEEE);
CCCC = highest(BBBBBB, EEEEEE) - CCC;
CCCCC = (BBBBBB - CCC) / CCCC * 100;

DDD = iff(IsNaN(DDD[1]) == true , CCCCC , DDD + AAA * (CCCCC -
DDD));
DDDD = lowest(DDD, EEEEEE);
DDDDD = highest(DDD, EEEEEE) - DDDD;
DDDDDD = (DDD - DDDD) / DDDDD * 100;

mAAAAA = iff(IsNaN(EEEEE[1]) == true, DDDDDD , EEEEE[1] + AAA *
(DDDDDD - EEEEE[1]));

A=(highest(high,26)+lowest(low,26))/2; //일목기준선

IF C>=A && L<=A*1.01 && mAAAAA > mAAAAA[1] && mAAAAA[1]==0
&& C>0 TheN
        Find(1);
```

수식은 다음 경로에서 복사하여 사용하면 됩니다.
https://daebakstocks.modoo.at/?link=dpv9zx0x&page=1&vie
wType=list&messageNo=14&mode=view

❸ KDJ 지표

KDJ 지표는 과매수, 과매도를 파악하고 추세 반전을 예측하는 데 사용되는 기술적 분석 지표입니다. 1970년대 George Lane이 개발했으며, 거래자들에게 매수 및 매도 시기를 파악하는 데 유용한 도구로 여겨집니다.

KDJ 지표는 세 가지 하위 지표로 구성됩니다.

K: 현재 가격이 최근 N기간 동안의 가격 범위에서 어느 위치에 있는지 나타냅니다.

D: K 지표의 이동평균선입니다.

J: D 지표의 변화율을 나타냅니다.

KDJ 지표는 일반적으로 0에서 100까지의 범위에서 움직입니다.

K 또는 D 지표가 70 이상이면 과매수 영역으로, 추세 반전 가능성이 높아집니다.

K 또는 D 지표가 30 이하이면 과매도 영역으로, 추세 반전 가능성이 높아집니다.

KDJ 지표를 사용하는 방법은 다음과 같습니다.

① 과매수/과매도 영역 확인: K 또는 D 지표가 과매수/과매도 영역에 진입했는지 확인합니다.

② 트렌드 확인: K, D, J 지표의 방향을 통해 현재 트렌드를 확인합니다.

③ 매매 시그널 확인: K, D, J 지표의 교차를 통해 매매 시그널을 확인합니다.

KDJ 지표는 다른 지표들과 함께 사용하면 더욱 효과적인 분석이 가능합니다.

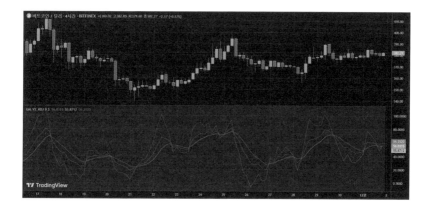

대박주식연구소 강의 영상

KDJ 지표 활용법

https://youtu.be/G1Fz0J8EtVQ

```
input : sto1(10),sto2(5),sto3(5),기간1(10),기간2(14),기간3(28);
var : stok(0),stod(0),stoj(0),a(0),a1(0),eq(0),zlsma(0),b(0),b1(0),b2(0);

stok = StochasticsK(STO1,STO2);
stod = StochasticsD(STO1,STO2,STO3);
stoJ = 3*stok-2*stod;
A = LRL(C,기간1);
A1 = LRL(A,기간1);
eq= A-A1;
zlsma =A+eq;
B=RSI(기간2);
B1=RSI(기간3);
B2=B-B1;

if stok[1]<=20 && stod[1]<=20 && stoj[1]<=20 &&  zlsma<=C && B2>=0
&& stok>stod Then
     Find(1);
```

수식은 다음 경로에서 복사하여 사용하면 됩니다.
https://daebakstocks.modoo.at/?link=dpv9zx0x&page=1&vie
wType=list&messageNo=15&mode=view

아무도 가르쳐주지 않는 주식 자동매매

❹ UT BOT ALERTS 지표

UT Bot Alerts는 트레이딩뷰에서 사용할 수 있는 커스텀 지표입니다. 다른 기술 분석 도구들과 함께 활용되어 매매 시그널을 생성합니다.

① 트렌드 식별: UT Bot Alerts는 시장의 현재 트렌드가 강세인지, 약세인지, 아니면 변동성이 큰지 확인하는 데 활용될 수 있습니다.

② 매매 시그널: 이 지표는 매수 또는 매도 기회를 나타내는 알림을 제공합니다.

③ 커스터마이징 가능: 사용자는 ATR 승수 및 기타 설정을 조정해 지표의 민감도를 변경할 수 있습니다.

④ UT Bot Alerts와 함께 사용할 수 있는 다른 지표: Heikin Ashi candles: 추세 방향을 더욱 명확히 하기 위해 활용될 수 있습니다.

선형 회귀 채널 (Linear Regression Channels): 잠재적 지원 및 저항 영역을 식별하기 위해 활용될 수 있습니다.

대박주식연구소 강의 영상

UT BOT ALERTS와 1200이평 조합

https://youtu.be/j9HAMIVteQE

```
Input : a(1), length(10),크기(15),이평(120);
var : truehighv(0),TrueLowv(0),TrueRangev(0),xatr(0),nLoss(0),src(0) ;
var : xClose(0),xOpen(0),xHigh(0),xLow(0),AA(0);
var : xATRTrailingStop(0),poss(0), emav(0), ab(False), be(False),tx(0) ;
var : dir(0),매수조건(False),매도조건(False);

if index == 0 then
{
    xOpen = open;
    xClose = (O+H+L+C)/4;
    xHigh = MaxList( high, xOpen, xClose);
    xLow = MinList( low, xOpen,xClose);
}
else
{
    xClose = (O+H+L+C)/4;
    xOpen = (xOpen [1] + xClose [1])/2 ;
    xHigh = MaxList(High, xOpen, xClose) ;
    xLow = MinList(Low, xOpen, xClose) ;
}
////////
If xClose[1] > xHigh then
    TrueHighv = xClose[1];
else
    TrueHighv = xHigh;

If xClose[1] < xLow then
    TrueLowv = xClose[1];
else
    TrueLowv = xLow;

TrueRangev = TrueHighv - TrueLowv;
```

```
xatr = ma(TrueRangev,length);

nLoss = a * xatr ;

##########

src = xClose ;

xATRTrailingStop = 0.0 ;
xATRTrailingStop = iff(src > xATRTrailingStop[1] and src[1] >
xATRTrailingStop[1],
                  max(xATRTrailingStop[1], src - nLoss),
                  iff(src < xATRTrailingStop[1] and src[1] <
xATRTrailingStop[1],
                      min(xATRTrailingStop[1],src + nLoss),
                      iff(src > xATRTrailingStop[1], src - nLoss, src +
nLoss)));

poss = 0 ;
poss =     iff(src[1] < xATRTrailingStop[1] and src >
xATRTrailingStop[1], 1,
          iff(src[1] > xATRTrailingStop[1] and src < xATRTrailingStop[1],
-1, poss[1])) ;

emav   = ema(src,1);
if crossup(emav, xATRTrailingStop) Then
     ab = true ;
Else
     ab = False;

if crossup(xATRTrailingStop, emav) Then
     be = true ;
```

```
Else
    be = False;

AA=EmA(C,이평);

///////////

매수조건=src > xATRTrailingStop and ab == true;
매도조건=src < xATRTrailingStop and be == true;

if 매수조건==TRUE && 매수조건[1]==FalsE && C>=AA Then
    Find(1);
```

수식은 다음 경로에서 복사하여 사용하면 됩니다.
https://daebakstocks.modoo.at/?link=dpv9zx0x&page=1&vie
wType=list&messageNo=16&mode=view

❺ Support and Resistance Levels with Breaks [LuxAlgo]

브레이크가 있는 지지 및 저항 레벨 [LuxAlgo] 인디케이터는 다음
과 같은 주요 가격 영역을 식별하고 시각화하는 데 초점을 맞춘 트레이
딩뷰의 기술 분석 도구입니다:

① 지지 : 매수 압력으로 인해 하락 추세가 멈출 가능성이 있는 가격 구역입니다.
② 저항 : 매도 압력이 상승추세를 막을 것으로 예상되는 가격 구역입니다.

아무도 가르쳐주지 않는 **주식 자동매매**

③ 브레이크 신호: 이 지표는 저항 위나 지지 아래의 돌파를 강조하며 잠재적으로 가격 추세의 변화를 나타냅니다.

④ 피봇 포인트 기반: 지지와 저항 계산은 피봇 포인트 방법론을 활용할 수 있습니다.

잠재적 거래 진입/청산 지점 식별: 브레이크 신호는 거래 진입(예: 저항 돌파 후 매수) 또는 포지션 청산(예: 지지 붕괴 후 매도)할 영역을 제안할 수 있습니다.

시장 심리 측정: 강력한 지지/저항 수준은 전반적인 시장 심리를 반영할 수 있습니다.

중요 사항: 지지와 저항은 완벽하지 않습니다. 포괄적인 거래 접근 방식을 위해 다른 분석 기술과 함께 이 지표를 사용하십시오.

대박주식연구소 강의 영상

지지와 저항 한방에 정리(트레이딩뷰 LuxAlgo)

https://youtu.be/E6tvA8n2i2c

```
input : toggleBreaks(true),leftBars(15),rightBars(15),volumeThresh(0);
var : SH(0),SL(0),highUsePivot(0),lowUsePivot(0),tx1(0),tx2(0),short(0),lo
ng(0),OSC(0),조건(False);

if SwingHigh(1,h,leftBars,rightBars,leftBars+rightBars+1) != -1 Then
    SH = H[rightBars];

highUsePivot = SH[1];

if SwingLow(1,l,leftBars,rightBars,leftBars+rightBars+1) != -1 Then
    SL = L[rightBars];

lowUsePivot = SL[1];
short = ema(volume, 5);
long = ema(volume, 10);
osc = 100 * (short - long) / long;

if OSC>0 && OSC>OSC[1] && CrossUp(C,highUsePivot) TheN
Find(1);
```

수식은 다음 경로에서 복사하여 사용하면 됩니다.
https://daebakstocks.modoo.at/?link=dpv9zx0x&page=1&vie
wType=list&messageNo=17&mode=view

아무도 가르쳐주지 않는 주식 자동매매